Last minute

ABENDESSEN

Last minute

ABENDESSEN

Blitzschnelle Rezepte für entspannte Abende

CHRISTIAN

Inhalt

Warenkunde

Vorräte – das können Sie immer zu Hause haben

Kommt es öfter mal vor, dass Ihnen nach Dienstschluss keine Zeit zum Einkaufen bleibt? Mit diesen haltbaren Vorräten bringen Sie trotzdem jederzeit ein leckeres Abendessen auf den Tisch.

Aus Glas und Dose

Geschälte oder stückige Tomaten, Kokosmilch und Thunfisch sind die Klassiker, die in keinem Vorrat fehlen sollten. Mit schwarzen Oliven, getrockneten Tomaten und Kapern erweitern Sie Ihre Möglichkeiten. Ananas, Sauerkirschen und Co. dienen als Notration für Süßschnäbel.

Trockenvorräte

Ein kleines Sortiment an Nudeln, Reis und Linsen sollten Sie immer im Haus haben. Dazu Couscous und Bulgur, am besten als vorgegarte Instant-Varianten, die nur einige Minuten quellen müssen.

Aus der Kühltheke

In der Kühltheke im Supermarkt oder Bioladen finden Sie Pizza-, Flammkuchen- und Blätterteig, aus denen sich ratzfatz etwas Feines zaubern lässt. Dazu gibt es dort frische Bandnudeln, Tortellini und Gnocchi, die mit viel Geschmack und kurzer Garzeit punkten.

Im Tiefkühlfach

Blattspinat, Erbsen und eine gute Asia-Gemüsemischung warten im Kälteschlaf geduldig auf ihren Einsatz. Kaufen Sie am besten ungewürztes, pures Gemüse, dann können Sie selber nach Herzenslust mit Gewürzen und Kräutern variieren.

Fürs Gemüsefach

Karotten, Zucchini, Paprika, Fenchel und viele andere Gemüsesorten bleiben im Gemüsefach des Kühlschranks mindestens 4–5 Tage frisch. Nehmen Sie also beim Wocheneinkauf Ihre Lieblingssorten mit, dann können Sie einige Tage aus dem Vollen schöpfen. Bleibt etwas davon übrig, einfach waschen, putzen und klein geschnippelt einfrieren!

Sahne, Käse und Co.

Vieles schmeckt mit ein wenig Sahne, Schmand oder Crème fraîche verfeinert noch mal so gut. Die müssen Sie nicht alle zu Hause haben, da lässt sich sehr gut eines gegen das andere austauschen. Nice to have: Ein Stück Parmesan – schmeckt im Salat ebenso lecker wie als Topping für Pasta.

Gut gewürzt

Salz und Pfeffer, Essig und Öl, Zucker und Chiliflocken – damit ist die Grundwürze gesichert. Daneben sind Knoblauch, Zwiebeln und Zitronen (am besten unbehandelte wegen der frisch-würzigen Schale!) Basics, die nie ausgehen sollten.

Nüsse und Samen

Für knackigen Biss und ein wenig Raffinesse in Salat, Suppe, Pasta und Co. sollten Sie immer Pinien-, Walnuss-, Mandel- und Pistazienkerne im Vorrat haben. Sie halten in gut schließenden Gläsern, kühl und dunkel aufbewahrt, bis zu einem Jahr.

Frische Kräuter

Ein wenig frisches Grün rundet viele Gerichte geschmacklich ab. Basilikum-, Thymian- und Rosmarintöpfchen gedeihen auch auf der Küchenfensterbank. Schnittlauch, Zitronenmelisse und Minze machen Ihren kleinen Kräutergarten komplett.

Einfach und schnell einkaufen nach Feierabend

Auf den vorhergehenden Seiten haben Sie bereits einiges über Grundzutaten erfahren, die die Basis vieler Gerichte sind. Wenn Sie die immer im Vorrat haben, geht der Frischeeinkauf ruckzuck.

Morgendliche Routine

Gewöhnen Sie sich an, bevor Sie aus dem Haus gehen, kurz den Kühlschrankinhalt zu checken. Was möchten Sie heute Abend kochen? Was ist noch da, was sollte zum Auftauen aus dem Tiefkühlfach genommen werden, und was müssen Sie noch frisch besorgen? Schreiben Sie sich einen Einkaufszettel, dann geht der Einkauf in der Mittagspause oder nach Feierabend ganz schnell.

Rezepte abwandeln

Sie bekommen alle Zutaten für die Rezepte in diesem Buch im gut sortierten Supermarkt. Wenn das gewünschte Gemüse dort gerade nicht erhältlich ist oder ein anderes Sie verführerisch anlacht, so zögern Sie nicht, zuzugreifen. Die Rezepte in diesem Buch sind so zusammengestellt und beschrieben, dass sowohl Küchenneulinge als auch versierte Köche damit leckere Abendessen für zwei auf den Tisch

bringen werden. Zudem gibt es bei jedem Rezept eine Variante, mit der Sie dem Gericht eine andere Geschmacksrichtung verleihen können. Wer bereits über ein wenig Kocherfahrung verfügt, muss die Rezepte natürlich nicht exakt umsetzen, sondern kann sie nach Herzenslust abwandeln. Anfänger sollten sich zu Beginn natürlich möglichst genau an die Rezepte halten. Aber auch sie werden schnell lernen, Rezepte als Anregung zu betrachten und mit Zutaten, Gewürzen und Kräutern zu experimentieren. Trauen Sie sich, denn so entstehen im Handumdrehen originelle neue Kreationen, die genau Ihren Geschmack treffen!

Clever einkaufen

Achten Sie beim Einkauf darauf, dass Sie zu Hause möglichst wenig Arbeit haben: Schnitzel, Steak und Fischfilets, die umgehend in die Pfanne können, eignen sich für die Last-Minute-Küche besser als große Stücke, die Sie erst selber parieren und schneiden müssen. Ebenso gibt es Gemüsesorten wie Zucchini, Karotten oder Fenchel, die mit wenig Aufwand küchenfertig sind. Spinat oder Erbsen dagegen müssten mühsam verlesen bzw. ausgelöst werden, da greifen Sie besser auf Tiefkühlware zurück. Das Gemüse dafür wird reif geerntet, geputzt und vitamin- und aromaschonend tiefgefroren – die perfekte Alternative für die schnelle Küche. Das Gleiche gilt für Salate: Große Stauden und feste Köpfchen sind schnell in mundgerechte Stücke gezupft oder geschnitten. Ebenso zeitsparend lassen sich Pflücksalate und Salatmischungen zubereiten, die lediglich gewaschen und trockengeschleudert werden müssen (gibt es auf vielen Märkten küchenfertig geputzt oder im Folienbeutel im Supermarkt).

Liefern lassen

Sie haben überhaupt keine Lust, in der Mittagspause oder nach Feierabend im Supermarkt an der Kasse zu stehen? Dann überlegen Sie doch, ob und was Sie sich liefern lassen könnten. Diesen Service bieten inzwischen viele Supermärkte an. Wer frisches Gemüse liebt, für den ist eventuell auch eine Abokiste eine Überlegung wert. Darin sind fast immer einige weniger bekannte Sorten enthalten, zu denen man im Supermarkt nicht greifen würde, die aber das eigene Repertoire erweitern.

Plan B

Sie haben es nicht mehr in den Supermarkt geschafft? Kein Problem, in der vorderen und hinteren Umschlagklappe finden Sie je drei Rezepte für schnelle Süppchen und Pasta-Gerichte aus dem Vorrat, die ganz ohne frisch Gekauftes auskommen, aber dennoch weder nach Notfall aussehen noch so schmecken!

Das spart viel Zeit beim Kochen

Der Magen knurrt bereits? Keine Sorge, mit planvollem Vorgehen und ein paar nützlichen Küchenhelfern steht Ihr Abendessen garantiert innerhalb von maximal 30 Minuten auf dem Tisch.

Gut organisiert

Bevor Sie anfangen zu kochen, legen Sie sich alle Zutaten und Utensilien bereit. Gut, wenn die in Ihrer Küche einen festen Platz haben und Sie nicht lange suchen müssen! Steht ein Backofengericht oder eine Pasta auf dem Programm, so heizen Sie dann als Erstes den Backofen vor bzw. setzen das Nudelkochwasser auf. Wer es da besonders eilig hat, erhitzt das Wasser vorher im Wasserkocher.

Nützliche Küchenhelfer

Gemüsereibe, Pürierstab, Zitruspresse, Sparschäler, Zestenreißer und Knoblauchpresse – falls Sie sie nicht schon besitzen, so legen Sie sich diese Küchenutensilien nach und nach zu. Sie beschleunigen die

Vorbereitungen ungemein und die Zeitersparnis summiert sich. Worauf Sie keinesfalls verzichten sollten, sind scharfe Messer, denn damit gehen alle Schnippelarbeiten leicht und schnell von der Hand. Ein großes Kochmesser, das gut in der Hand liegt, und ein kleineres Küchenmesser reichen dabei völlig. Es müssen keine superteuren Profimesser sein, es gibt durchaus gute Qualität zu moderaten Preisen. Legen Sie sich außerdem einen Messerschärfer zu, um Ihre Messer immer scharf zu halten. Übrigens, Kochmesser gehören nicht in die Spülmaschine, sondern sollten immer sofort von Hand gespült werden, denn Säuren und aggressive Spülmittel machen sie schnell stumpf.

Arbeiten parallel erledigen

Die Rezepte in diesem Buch sind in Steps aufgeteilt und in der richtigen Reihenfolge beschrieben. Lesen Sie sich das Rezept zu Beginn ganz durch, dann wissen Sie, wie Sie vorgehen müssen. Sie sollten nämlich zwischen den einzelnen Arbeitsschritten keine Pausen entstehen lassen. Während also die Nudeln kochen, bereiten Sie die

Sauce zu. Während diese köchelt, waschen Sie schnell den Salat etc. Am besten gewöhnen Sie sich das generell beim Kochen an: Wenn Sie mal nicht nach Rezept kochen, überlegen Sie zu Beginn kurz, wie Sie am besten vorgehen, damit alles rechtzeitig und gleichzeitig fertig wird.

Lassen Sie sich helfen

Damit ist nicht unbedingt gemeint, dass Sie Ihren Partner einspannen sollen, obwohl auch so viele Gerichte noch ein wenig schneller aufgetischt werden können. Es wurde schon beim Einkauf angesprochen: Greifen Sie für die ultraschnelle Last-Minute-Küche auf bereits küchenfertig Vorbereitetes zurück. Wenn Sie an freien Tagen gerne selber Fond kochen und einfrieren, umso besser. Wenn nicht, so nehmen Sie einen aus dem Glas oder ersetzen ihn durch Instant-Gemüsebrühe. Pesto können Sie in einer ruhigen Minute selber machen

und in einem Schraubglas, mit einer kleinen schützenden Ölschicht versehen, im Vorrat haben (so hält es im Kühlschrank gut 10 Tage). Sie bekommen aber auch welches in ausgezeichneter Qualität fertig zu kaufen. Das Prinzip ist vermutlich klar geworden: Sie müssen für ein leckeres Abendessen nicht alle Komponenten immer selbst frisch zubereiten.

Vinaigrette für den Vorrat

Wenn Sie gerne Salat als Beilage essen, so bereiten Sie sich das Dressing gleich für einige Tage im Voraus zu: Dafür 6 EL Essig, ½ TL Salz, 1 TL Senf, je ¼ TL Zucker und frisch gemahlenen Pfeffer sowie 12 EL Öl in ein steriles Schraubglas füllen, verschließen und kräftig durchschütteln. Diese Vinaigrette hält im Kühlschrank gut 1 Woche. Vor Gebrauch schütteln Sie sie einfach noch einmal durch und entnehmen pro Portion 1–2 Esslöffel.

Rezepte

Salate & Sandwiches

Urkarottensalat
mit Spargel und Haselnüssen

 25 Minuten | Für 2 Personen

8–10 Haselnusskerne
2–3 Urkarotten
  (250 g; violette Karotten)
250 g grüner Spargel
2 EL Limettensaft
Salz
frisch gemahlener schwarzer
  Pfeffer
Zucker
4 EL Haselnussöl
  (oder mildes Olivenöl)

1. Die Haselnusskerne grob hacken, in einer beschichteten Pfanne anrösten und abkühlen lassen. Die Karotten gründlich waschen, putzen und mit einem Sparschäler in feine Längsstreifen hobeln. Spargel waschen, Enden abschneiden und die Stangen in ebenso feine Streifen hobeln.

2. Den Limettensaft in einer Schüssel mit je 1 kräftigen Prise Salz und Pfeffer sowie 1 kleinen Prise Zucker verrühren und das Öl unterschlagen. Die Gemüsestreifen gut untermischen und etwa 5 Minuten durchziehen lassen.

3. Den Salat in zwei Schalen verteilen und die Haselnusskerne darüberstreuen. Dazu schmeckt Vollkorntoast.

Variante Käsebaguette mit Urkarotten-Spargel-Salat

± 0 Minuten
1 EL frisch gehackter
  Koriander
1 kleines Vollkornbaguette
30 g weiche Butter
60 g Schnittkäse in Scheiben
  (z. B. junger Gouda)

1. Die Hälfte des Salatrezeptes mit Olivenöl zubereiten und statt der Haselnusskerne den Koriander untermischen.

2. Das Baguette teilen und die Hälften aufschneiden. Alle Teile dünn mit Butter bestreichen und die unteren Hälften mit dem Käse belegen. Den Salat daraufgeben und mit den oberen Baguettehälften abdecken.

Blattsalat
mit Schinken und Kräutercroûtons

🕐 15 Minuten | Für 2 Personen

2 Scheiben altbackenes
  Toastbrot
1 Knoblauchzehe
5 EL Olivenöl
½ TL getrocknete Kräuter
  der Provence
Salz
200 g Pflücksalatmischung
100 g Kirschtomaten
3 EL Weißweinessig
1 TL mittelscharfer Senf
frisch gemahlener schwarzer
  Pfeffer
50 g Parmaschinken
  (in Scheiben)
20 g Parmesan (am Stück)

1. Das Toastbrot entrinden und klein würfeln. Knoblauch ungeschält flachdrücken. Beides in 2 EL erhitztem Olivenöl anrösten, mit den Kräutern der Provence würzen und leicht salzen.

2. Den Salat putzen, waschen und trockenschleudern. Die Kirschtomaten waschen und halbieren. Essig, Senf, je 1 Prise Salz und Pfeffer und das übrige Öl in einer Schüssel verrühren und den Salat und die Tomaten untermischen. Auf zwei Tellern anrichten.

3. Den Schinken in mundgerechte Stücke zupfen und daraufgeben. Die Kräutercroûtons aufstreuen und den Parmesan darüberraspeln.

Variante Nizzasalat

🕐 ± 0 Minuten

1 Dose Thunfisch in Öl
  (Abtropfgewicht 185 g)
1 Zwiebel
2 hart gekochte Eier
2 EL Oliven
4 Sardellenfilets (in Öl)

1. Den Thunfisch abtropfen lassen. Die Zwiebel abziehen und in Ringe schneiden. Die Eier pellen und halbieren.

2. Den Salat, wie beschrieben, zubereiten, dabei statt Schinken, Croûtons und Parmesan jedoch Thunfisch, Zwiebelringe, Eier und Oliven dazugeben. Die Sardellenfilets auf die Eier legen.

Linsensalat
mit Aprikosen

 25 Minuten | Für 2 Personen

2–3 Frühlingszwiebeln
1 Knoblauchzehe
6 getrocknete Soft-Aprikosen
4 EL Olivenöl
120 g rote Linsen
250 ml Gemüsebrühe
2 EL Zitronensaft
Salz
frisch gemahlener schwarzer
  Pfeffer

1. Die Frühlingszwiebeln putzen, waschen und den weißen und grünen Teil getrennt fein schneiden. Den Knoblauch abziehen und fein hacken. Die Aprikosen fein würfeln.

2. Das Weiße der Frühlingszwiebeln und den Knoblauch in einem Topf in 2 EL erhitztem Olivenöl anschwitzen. Die Linsen etwa 1 Minuten mitgaren. Mit der Brühe ablöschen, aufkochen lassen und die Linsen in 8–10 Minuten bei mittlerer Temperatur bissfest garen. Die Aprikosen unterrühren und alles lauwarm abkühlen lassen.

3. Zitronensaft mit je 1 kräftigen Prise Salz und Pfeffer und dem übrigen Olivenöl verrühren. Die Linsen und das Frühlingszwiebelgrün unterheben.

Variante Linsensalat mit Schweinemedaillons

 ± 0 Minuten
6 getrocknete Tomaten
  (in Öl)
4 EL Tomaten-Einlegeöl
250 g Schweinefilet
1 EL Olivenöl

1. Die Linsen, wie beschrieben, zubereiten, dabei die Aprikosen durch die getrockneten Tomaten und das Olivenöl durch das Tomaten-Einlegeöl ersetzen.

2. Das Schweinefilet kalt abbrausen, trockentupfen, in 6 Scheiben schneiden und diese mit dem Handballen flach drücken. Die Medaillons von jeder Seite im erhitzten Olivenöl etwa 2 Minuten braten. Dann salzen, pfeffern und zum Linsensalat servieren.

Couscoussalat
mit Kirschtomaten und Paprika

🕐 20 Minuten | Für 2 Personen

Salz
120 g Instant-Couscous
Saft von ½ Orange
1 TL flüssiger Honig
¼ TL Chiliflocken
4 EL Walnussöl
120 g Kirschtomaten
1 gelbe Paprikaschote
2 Frühlingszwiebeln

1. In einem Topf 125 ml Wasser aufkochen lassen, salzen und den Couscous einrühren. Den Topf vom Herd nehmen und den Couscous zugedeckt nach Packungsanweisung 5–7 Minuten quellen lassen.

2. Inzwischen Orangensaft mit 1 Prise Salz, Honig, Chiliflocken und Walnussöl verrühren. Die Tomaten waschen und vierteln. Die Paprikaschote putzen, waschen und klein würfeln. Die Frühlingszwiebeln putzen, waschen und in feine Ringe schneiden. Alles unter das Dressing mischen.

3. Den Couscous mit einer Gabel auflockern und, etwas abgekühlt, unter die Tomatenmischung ziehen.

Variante Couscoussalat mit Granatapfelkernen und Minze

🕐 ± 0 Minuten
1–2 Stängel Minze
2 EL Granatapfelkerne

Den Salat, wie oben beschrieben, zubereiten, dabei die Frühlingszwiebeln weglassen. Minze abbrausen und trockenschütteln, die Blätter fein schneiden. Mit den Granatapfelkernen unter den Salat mischen.

Thai-Salat
mit Kohlrabi und Erdnüssen

🕐 25 Minuten | Für 2 Personen

2 Kohlrabi (à ca. 150 g)
6 Kirschtomaten
1 junge Knoblauchzehe
½–1 große rote Chilischote
30 g geröstete, gesalzene
  Erdnusskerne
2 EL Fischsauce
3 EL Limettensaft
1 TL Palmzucker
  (oder brauner Zucker)

1. Kohlrabi schälen, putzen und grob raspeln. Die Tomaten waschen und klein schneiden. Knoblauch abziehen und hacken. Die Chilischote abbrausen, putzen und fein schneiden.

2. Knoblauch und Chili in den Mörser geben und fein zerkleinern. Erdnusskerne dazugeben und grob zerstoßen. Fischsauce, Limettensaft und Palmzucker untermischen. Mit den Kirschtomaten unter die Kohlrabiraspel mischen.

Variante Thai-Salat mit grüner Papaya

🕐 ± 0 Minuten
1 kleine grüne Papaya
  (z. B. aus dem Asia-Laden)

Den Thai-Salat, wie oben beschrieben, zubereiten, dabei die Kohlrabi durch die grüne Papaya ersetzen. Diese schälen, halbieren, Kerne entfernen und die Hälften raspeln.

Tipp Sie können auch eine noch harte, unreife Mango auf diese Weise in einen leckeren Asia-Salat verwandeln.

Glasnudelsalat
mit Zitronengras-Hackbällchen

🕐 30 Minuten | Für 2 Personen

1 Stängel Zitronengras
1 Knoblauchzehe
4 EL helle Sojasauce
150 g Rinderhackfleisch
250 ml Gemüsebrühe
80 g Glasnudeln
3 Frühlingszwiebeln
10–12 Kirschtomaten
1 große rote Chilischote
3 EL Limettensaft
1 TL Zucker
1 TL geröstetes Sesamöl
2 EL frisch gehackter
  Koriander

1. Vom Zitronengras die äußeren harten Blätter entfernen, das untere weiche Drittel fein hacken. Knoblauch abziehen und fein hacken. Beides mit 2 EL Sojasauce unter das Hackfleisch kneten. Aus der Masse walnussgroße Bällchen formen. Gemüsebrühe samt Zitronengrasresten aufkochen, die Bällchen darin bei milder Temperatur etwa 5 Minuten garen.

2. Glasnudeln mit kochendem Wasser übergießen und 4 Minuten ziehen lassen. In ein Sieb abgießen, etwas abgekühlt mit der Küchenschere kleiner schneiden.

3. Frühlingszwiebeln putzen, waschen und in feine Ringe schneiden. Tomaten waschen und halbieren. Chilischote abbrausen, putzen und fein schneiden. Übrige Sojasauce mit Limettensaft, Zucker und Sesamöl verrühren. Glasnudeln, Frühlingszwiebeln, Kirschtomaten, Chili und Koriander untermischen. Mit den Hackbällchen in Schälchen anrichten.

Variante Glasnudelsalat mit Knuspertofu

🕐 ± 0 Minuten

250 g schnittfester Tofu
2 EL Weizenmehl
neutrales Öl zum Ausbacken

1. Den Tofu in etwa 2 cm große Würfel schneiden und mit 2 EL Sojasauce beträufeln. Den Glasnudelsalat, wie beschrieben, (ohne Hackbällchen) zubereiten.

2. In einer Pfanne ½ cm hoch neutrales Öl erhitzen. Den Tofu trockentupfen, im Mehl wenden und in dem erhitztem Öl in 2–3 Minuten knusprig ausbacken. Kurz auf Küchenpapier abtropfen lassen, dann auf dem Glasnudelsalat anrichten.

Hähnchensalat

mit Ananas und Staudensellerie

🕐 20 Minuten | Für 2 Personen

250 g Hähnchenbrustfilets
2 EL Rapskernöl
Salz
1 gehäufter TL Currypulver
4 Scheiben Ananas
 (frisch oder aus der Dose)
1–2 Stangen Staudensellerie
 mit Grün
2 EL Salatmayonnaise
 (30 % Fettgehalt)
1–2 TL Limettensaft

1. Hähnchenbrustfilets kalt abbrausen, trockentupfen und in Streifen schneiden. Im erhitzten Öl 3–4 Minuten unter regelmäßigem Wenden braten, dann mit Salz und ½ TL Currypulver würzen. Lauwarm abkühlen lassen.

2. Ananas aus der Dose abtropfen lassen und klein schneiden (frische Ananas vorher schälen und vom Strunk befreien). Selleriestangen waschen und das Grün abschneiden, die Stangen putzen und in feine Scheiben schneiden.

3. Die Mayonnaise mit dem übrigen Currypulver verrühren, Hähnchenstreifen, Ananas und Sellerie unterziehen und mit Salz und Limettensaft abschmecken. Das Selleriegrün grob hacken und darüberstreuen. Dazu schmeckt Baguette.

Variante Garnelensalat mit Pfirsich

🕐 – 10 Minuten
2 Pfirsichhälften
 (aus der Dose)
1–2 Frühlingszwiebeln
250 g Partygambas
 (vorgegarte Riesengarnelen;
 Kühltheke)

1. Die Pfirsichhälften abtropfen lassen und klein würfeln. Die Frühlingszwiebeln putzen, waschen und in feine Ringe schneiden.

2. Die Mayonnaise mit ½ TL Currypulver verrühren. Partygambas mit Pfirsichstückchen und Frühlingszwiebeln unter die Mayonnaise mischen. Mit Salz und Limettensaft abschmecken.

Rotkohlsalat
mit Trauben und Entenbrust

🕐 20 Minuten | Für 2 Personen

1 Entenbrust (ca. 300 g)
Salz
1 Stück Rotkohl (ca. 250 g)
100 g kernlose Trauben
6–8 Walnusskernhälften
2 EL Himbeeressig
Zucker
½ TL mittelscharfer Senf
2 EL Walnuss- oder
  Rapskernöl

1. Die Entenbrust kalt abbrausen, trockentupfen und die Haut rautenförmig einritzen. Anschließend auf beiden Seiten salzen. Mit der Hautseite in die kalte Pfanne legen und bei mittlerer Temperatur 6–7 Minuten braten, dann wenden und in weiterer 6–7 Minuten fertig braten.

2. Inzwischen Rotkohl putzen, waschen und in feine Streifen schneiden oder hobeln. Mit ¼ TL Salz bestreuen und kräftig durchkneten. Die Trauben waschen, von den Rispen zupfen und halbieren. Die Walnusskernhälften grob hacken.

3. Den Essig mit 1 Prise Zucker, Senf und Walnussöl verrühren. Rotkohl, Trauben und Walnusskerne dazugeben und gut vermischen. Die Entenbrust quer in dünne Scheiben schneiden und darauf anrichten.

Variante Entenbrust mit Mango und Frühlingszwiebeln

🕐 + 10 Minuten
1 kleine reife Mango
1–2 Frühlingszwiebeln
1 EL Limettensaft
Chiliflocken

1. Die Entenbrust, wie oben beschrieben, braten und lauwarm abkühlen lassen. In dünne Scheiben schneiden und auf zwei Tellern anrichten.

2. Die Mango schälen, das Fruchtfleisch vom Stein schneiden und klein würfeln. Die Frühlingszwiebeln putzen, waschen und in feine Ringe schneiden. Beides mit Limettensaft und 1 EL Walnussöl mischen und mit Salz und Chiliflocken abschmecken. Über der Entenbrust verteilen.

Romanasalat
mit Tintenfischringen

🕐 25 Minuten | Für 2 Personen

2 Sepiatuben (à ca. 125 g)
1 Knoblauchzehe
3–4 Stängel Petersilie
½ Romanasalat
1 Minisalatgurke
1 Strauchtomate
je ½ rote und gelbe Paprikaschote
2 EL Zitronensaft
Salz
frisch gemahlener schwarzer
   Pfeffer
Zucker
6 EL Olivenöl
2 EL Weizenmehl

1. Sepiatuben innen und außen kalt abbrausen, von den harten, durchsichtigen Chitinschilden im Inneren befreien und in Ringe schneiden. Knoblauch abziehen und fein schneiden. Petersilie abbrausen, trockenschütteln und die Blätter fein hacken.

2. Salat putzen, waschen, in mundgerechte Stücke pflücken, trockenschleudern und auf zwei Teller verteilen. Gurke waschen oder schälen und in Scheiben schneiden. Tomate waschen und achteln. Paprikaschoten putzen, waschen und in Streifen schneiden. Alles auf dem Romanasalat verteilen. Zitronensaft, Salz, Pfeffer, Zucker und 4 EL Olivenöl verquirlen und darüberträufeln.

3. Tintenfischringe mit Mehl bestauben, im übrigen erhitzten Öl etwa 2 Minuten braten. Ringe wenden, Knoblauch und Petersilie 1–2 Minuten mitbraten. Dann salzen und auf dem Salat anrichten.

Variante Romanasalat mit Schweinenackenstreifen

🕐 ± 0 Minuten

2 Schweinenackensteaks
   (à ca. 125 g)
Chiliflocken
1 EL flüssiger Honig

1. Salat, wie oben beschrieben, zubereiten. Fleisch kalt abbrausen, trockentupfen und in Streifen schneiden. Knoblauch abziehen und fein hacken. Die Fleischstreifen mit Knoblauch, Salz und Chiliflocken würzen.

2. Die Fleischstreifen in 2 EL erhitztem Olivenöl anbraten, mit Honig beträufeln und in 2–3 Minuten unter gelegentlichem Wenden braten. Statt der Sepiaringe auf den Salat geben.

Rote-Bete-Salat
mit Grapefruit

🕐 15 Minuten | Für 2 Personen

1 rosa Grapefruit
½ Bund Koriander
1 TL süßer Senf
Salz
frisch gemahlener schwarzer
  Pfeffer
Zucker
3 EL Rapskernöl
250 g vorgegarte Rote Bete
  (vakuumverpackt)

1. Die Grapefruit dick schälen und die Filets zwischen den Trennhäutchen herausschneiden, den Saft dabei auffangen. Koriander abbrausen und trockenschütteln, die dicken Stiele entfernen, den Rest grob hacken.

2. Den aufgefangenen Grapefruitsaft mit Senf, je 1 kräftigen Prise Salz und Pfeffer, 1 kleinen Prise Zucker und dem Öl verrühren. Grapefruitfilets klein schneiden und mit dem Koriander untermischen.

3. Rote Bete (am besten mit Einmal-Handschuhen) in sehr feine Scheiben schneiden und dachziegelförmig auf zwei Tellern auslegen. Die Grapefruit-Koriander-Mischung darüber verteilen. Dazu schmeckt geröstetes Baguette.

Variante Rote-Bete-Salat mit Matjes und Dill

🕐 ± 0 Minuten
125 g Matjesfilets (in Öl)
½ Bund Dill
3 EL Zitronensaft

1. Die Matjesfilets gut abtropfen lassen und in mundgerechte Stücke schneiden. Rote Bete würfeln. Dill abbrausen, trockenschütteln und die Fähnchen grob hacken.

2. Zitronensaft mit Senf, Salz, Pfeffer, Zucker, Rapskernöl und Dill verrühren. Rote Bete und Matjes untermischen. Dazu schmeckt Vollkornbrot mit Butter.

Ölsardinenbrot
mit Fenchel-Orangen-Salat

🕐 20 Minuten | Für 2 Personen

1 kleine Fenchelknolle
  mit Grün (ca. 150 g)
2 Frühlingszwiebeln
1 Orange
Salz
frisch gemahlener schwarzer
  Pfeffer
2 EL Olivenöl
2 Scheiben Bauernbrot
20 g weiche Butter
1 Dose Ölsardinen
  (ca. 100 g Abtropfgewicht)

1. Den Fenchel waschen, das Grün abschneiden und beiseitelegen. Die Knolle längs halbieren, den Strunk herausschneiden. Die Hälften waschen und in feine Spalten schneiden. Die Frühlingszwiebeln putzen, waschen und schräg in feine Ringe schneiden.

2. Die Orange über einer Schüssel so dick schälen, dass auch die weiße Haut mit entfernt wird. Die Orangenfilets zwischen den Trennhäutchen herausschneiden, den Saft dabei auffangen. Orangensaft mit je 1 Prise Salz und Pfeffer und dem Öl verquirlen. Fenchel, Frühlingszwiebeln und Orangenfilets untermischen. Auf Tellern anrichten.

3. Brote mit Butter bestreichen. Ölsardinen abtropfen lassen und darauf verteilen. Fenchelgrün grob hacken, über den Salat streuen und die Ölsardinenbrote dazu servieren.

Variante Putenbrust mit Fenchel-Orangen-Salat

🕐 ± 0 Minuten
200 g Putenbrustaufschnitt

Den Fenchel-Orangen-Salat, wie oben beschrieben, zubereiten. Den Putenbrustaufschnitt dachziegelförmig auf zwei Tellern anrichten und den Salat darüber verteilen. Dazu schmeckt Vollkornbrot.

Schinken-Ciabatta
mit Avocado-Tomaten-Salat

🕐 15 Minuten | Für 2 Personen

1 reife Avocado
2 EL Zitronensaft
2 Strauchtomaten
1 kleines Bund Koriander
2 EL Olivenöl
Salz
frisch gemahlener schwarzer
  Pfeffer
Zucker
1 Ciabatta
4 Scheiben Parmaschinken
  (ca. 50 g)

1. Die Avodado halbieren, schälen und den Kern entfernen. Das Fruchtfleisch würfeln und mit Zitronensaft beträufeln. Die Tomaten waschen, halbieren, entkernen und die Hälften ohne Stielansatz würfeln. Koriander abbrausen, trockenschütteln, die dicken Stiele entfernen, den Rest grob hacken.

2. Avovado, Tomaten, Koriander und Olivenöl in einer Schüssel mischen und mit Salz, Pfeffer und einer kleinen Prise Zucker würzen.

3. Das Ciabatta aufschneiden und den Avocado-Tomaten-Salat auf der unteren Hälfte verteilen. Den Schinken darauf anrichten und mit der oberen Hälfte abdecken. Das Ciabatta mit einem scharfen Messer in handliche Stücke schneiden.

Variante Caprese mit Avocado-Dressing

🕐 ± 0 Minuten
1 Kugel Mozzarella (125 g)
1 kleines Bund Basilikum

1. Mozzarella abtropfen lassen, die Tomaten waschen. Beides in dünne Scheiben schneiden und im Wechsel auf zwei Tellern anrichten.

2. Die Avocado, wie oben beschrieben, würfeln, mit Zitronensaft, Salz, Pfeffer, Zucker und Olivenöl mischen. Basilikum abbrausen, trockenschütteln, die Blätter kleiner zupfen und untermischen. Dann das Avocado-Dressing über Mozzarella und Tomaten verteilen und das Ciabatta dazu servieren.

Suppen, Pasta & Co.

Currycremesuppe
mit Babyspinat

🕐 15 Minuten | Für 2 Personen

1 kleine Knoblauchzehe
1 Stück frischer Ingwer
 (ca. 1 cm)
½ TL Currypulver
1 EL Olivenöl
400 ml Instant-Gemüsebrühe
100 g gegarte Kichererbsen
 (aus der Dose)
Salz
etwas abgeriebene, unbe-
 handelte Zitronenschale
1 Handvoll Babyspinat

1. Knoblauch abziehen, Ingwer schälen. Beides fein hacken und mit dem Currypulver im erhitzten Öl anschwitzen. Mit der Brühe ablöschen und einmal aufkochen lassen.

2. Die Kichererbsen hinzufügen und 2–3 Minuten köcheln lassen. Die Suppe fein pürieren und mit Salz und Zitronenschale abschmecken. Den Babyspinat waschen, trockenschleudern, grob hacken und unter die Suppe rühren.

Variante Pilzsuppe mit Babymangold

🕐 + 10 Minuten

5 g getrocknete Steinpilze
200 g braune Champignons
¼ TL getrockneter Thymian
1 EL Crème fraîche
frisch gemahlener schwarzer
 Pfeffer
1 Handvoll Babymangold

1. Die Trockenpilze in 300 ml warmes Wasser bröseln. Den Knoblauch abziehen, hacken (Ingwer weglassen). Champignons putzen und in Scheiben schneiden.

2. Champignons und Knoblauch im erhitzten Olivenöl anbraten. Mit der Pilzbrühe ablöschen, Thymian dazugeben und alles etwa 5 Minuten köcheln lassen. Crème fraîche zufügen, die Suppe pürieren und mit Salz, Pfeffer und Zitronenschale abschmecken. Den Babymangold putzen, waschen, trockenschleudern, grob hacken und unterrühren.

Tomatensuppe
mit Kokosmilch

🕐 12 Minuten | Für 2–4 Personen

1 Dose ungesüßte Kokos-
   milch (400 ml)
1 TL rote Thai-Currypaste
1 Pck. passierte Tomaten
   (400 g)
1 EL Limettensaft
Salz
Zucker
½ Bund Koriander

1. Die ungeschüttelte Kokosmilchdose öffnen, 2 EL Kokossahne (die dicke Creme, die sich oben absetzt) in einen Topf geben und erhitzen. Die Currypaste einrühren und bei mittlerer Temperatur 1 Minute anrösten

2. Die übrige Kokosmilch und die passierten Tomaten dazugeben, aufkochen und etwa 5 Minuten einkochen lassen. Die Suppe mit Limettensaft, Salz und 1 Prise Zucker abschmecken.

3. Koriander abbrausen, trockenschütteln, die dicken Stiele entfernen, den Rest grob hacken. Die Tomaten-Kokos-Suppe in Schalen verteilen und, mit dem Koriander bestreut, servieren.

Tipp Die Suppe reicht als Abendessen für zwei oder als Vorspeise für vier Personen.

Variante Tomatensuppe mit Chili und Mango

🕐 + 5 Minuten
½–1 große rote Chilischote
½ reife Mango
1 EL Mangochutney
   (aus dem Glas)

1. Die Chilischote abbrausen, putzen und fein schneiden Die Mango schälen, das Fruchtfleisch vom Stein schneiden und klein würfeln.

2. Kokosmilch und passierte Tomaten mit Mangochutney, Chili und 1 kräftigen Prise Salz verrühren. Etwa 5 Minuten köcheln lassen und mit Limettensaft abschmecken. Vor dem Servieren die Mangowürfelchen unterrühren.

Kokossuppe
mit Mangold und Austernpilzen

🕐 15 Minuten | Für 2 Personen

150 g Mangold
100 g Austernpilze
8 Kirschtomaten
1 Dose Kokosmilch (400 ml)
100 ml Instant-Gemüsebrühe
1 EL Tom-Kha-Suppen-
    paste (z. B. aus dem
    Asia-Laden, ersatzweise rote
    Thai-Currypaste)
6 Kaffirlimettenblätter
    (z. B. aus dem Asia-Laden)
3–4 EL Fischsauce
    (oder helle Sojasauce)
1–2 EL Limettensaft

1. Den Mangold waschen. Die weißen Stiele keilförmig herausschneiden und klein würfeln. Das Mangoldgrün in Streifen schneiden. Die Austernpilze putzen und in mundgerechte Stücke zupfen. Die Kirschtomaten waschen und halbieren.

2. Kokosmilch, Gemüsebrühe und Suppenpaste in einem Topf verrühren und aufkochen lassen. Die Limettenblätter waschen, an den Rändern einreißen und hinzufügen. Mangoldstiele und Austernpilze dazugeben und 3 Minuten bei milder Temperatur garen. Kirschtomaten und Mangoldgrün unterrühren und 1 Minute mitgaren. Mit Fischsauce und Limettensaft abschmecken. In Suppenschälchen servieren.

Variante Kokossuppe mit Hähnchenfleisch

🕐 ± 0 Minuten

150 g Hähnchenbrustfilet
3 dünne Frühlingszwiebeln

1. Das Hähnchenbrustfilet kalt abbrausen, trockentupfen, in Streifen schneiden und mit 2 EL Fischsauce würzen. Die Frühlingszwiebeln putzen, waschen und in etwa 3 cm lange Stücke schneiden.

2. Kokosmilch, Gemüsebrühe, Suppenpaste und Limettenblätter, wie oben beschrieben, aufkochen. Das Fleisch hinzufügen und etwa 3 Minuten garen. Frühlingszwiebeln und Kirschtomaten dazugeben, kurz mitgaren und die Suppe mit Limettensaft und übriger Fischsauce abschmecken.

Batatensuppe
mit Orangen-Pistazien-Gremolata

🕐 30 Minuten | Für 2 Personen

1 Süßkartoffel (ca. 200 g)
1 kleine Zwiebel
1 Stück frischer Ingwer
  (ca. 1 cm)
1 EL Butterschmalz
300 ml Gemüsebrühe
1 TL geschälte Pistazienkerne
1 Stängel Zitronenmelisse
½ unbehandelte Orange
Salz
Cayennepfeffer

1. Die Süßkartoffel schälen, waschen und etwa 1 cm groß würfeln. Zwiebel abziehen, Ingwer schälen und beides fein hacken, dann im erhitzten Butterschmalz anschwitzen. Süßkartoffel dazugeben und mit der Gemüsebrühe ablöschen. Etwa 15 Minuten zugedeckt bei mittlerer Temperatur köcheln lassen.

2. Inzwischen die Pistazienkerne hacken. Die Zitronenmelisse abbrausen, trockenschütteln und die Blätter fein schneiden. Die Orangenhälfte heiß abbrausen, trockentupfen und die Schale mit einem Zestenreißer abziehen. Anschließend die Frucht auspressen und den Saft zur Suppe geben.

3. Die Suppe fein pürieren, mit Salz und Cayennepfeffer abschmecken und in Schalen verteilen. Pistazienkerne, Zitronenmelisse und Orangenzesten zusammen durchhacken und aufstreuen.

Variante Karottensuppe mit Mandarine und Kardamom

🕐 ± 0 Minuten
250 g Karotten
2–3 grüne Kardamomkapseln
Saft von 2 Mandarinen
½ Bund Petersilie

1. Die Suppe, wie oben beschrieben, zubereiten, dabei die Süßkartoffel durch die Karotten ersetzen. Die Kardamomkapseln zerdrücken und die schwarzen Samen aus dem Inneren mit Zwiebel und Ingwer im Butterschmalz anschwitzen. Orangensaft durch Mandarinensaft ersetzen.

2. Anstelle der Orangen-Pistazien-Gremolata die Petersilie abbrausen, trockenschütteln, die Blätter fein schneiden und vor dem Servieren aufstreuen.

Schinkennudeln
mit Zitrone und Erbsen

🕐 20 Minuten | Für 2 Personen

100 g TK-Erbsen
1 kleine Zwiebel
100 g gekochter Schinken
1 unbehandelte Zitrone
2–3 Stängel Zitronenmelisse
250 g frische Bandnudeln
  (Kühltheke)
Salz
4 EL Olivenöl
frisch gemahlener schwarzer
  Pfeffer
Zucker

1. Die Erbsen auf einen Teller geben und antauen lassen. Zwiebel abziehen und fein schneiden. Schinken in Streifen schneiden. Zitrone heiß abbrausen und trockentupfen, erst die Schale fein abreiben, dann die Frucht auspressen. Die Zitronenmelisse abbrausen, trockenschütteln und die Blätter fein schneiden.

2. Nudeln nach Packungsangabe in reichlich Salzwasser bissfest garen.

3. Inzwischen Zwiebel und Erbsen in einer Pfanne in 2 EL erhitztem Olivenöl etwa 2 Minuten unter Rühren anschwitzen. Den Schinken hinzufügen und 1 Minute mitgaren. Zitronensaft und -schale, Salz, Pfeffer, 1 Prise Zucker und das übrige Öl verquirlen.

4. Nudeln in ein Sieb abgießen und kurz abtropfen lassen, dann mit der Zitronensauce und der Zitronenmelisse in die Pfanne geben und alles gut durchmischen. Zum Servieren auf zwei Teller verteilen.

Variante Garnelen-Pasta mit Zitronensauce

🕐 ± 0 Minuten
150 g Partygambas
  (vorgegarte Riesengarnelen;
  Kühltheke)
2–3 Stängel Dill

Die Pasta, wie beschrieben, zubereiten, dabei den Schinken durch die Gambas und die Zitronenmelisse durch gehackte Dillspitzen ersetzen.

Bandnudeln
mit Tomaten-Kapern-Sauce

🕐 20 Minuten | Für 2 Personen

200 g grüne Bandnudeln
  (Spinatnudeln)
Salz
2 Strauchtomaten
1 Zwiebel
3–4 getrocknete Tomaten
  in Öl
4 Sardellenfilets (in Öl)
1 Bund Petersilie
4 EL Olivenöl
2 EL Kapern (aus dem Glas)
frisch gemahlener schwarzer
  Pfeffer

1. Nudeln nach Packungsangabe in reichlich Salzwasser bissfest garen.

2. Inzwischen die Strauchtomaten waschen, quer halbieren, entkernen und die Hälften klein würfeln. Die Zwiebel abziehen und fein hacken. Die getrockneten Tomaten sowie die Sardellenfilets abtropfen lassen und fein hacken. Die Petersilie abbrausen, trockenschütteln und fein schneiden.

3. Zwiebel, getrocknete Tomaten und Sardellenfilets im erhitzten Öl etwa 2 Minuten anschwitzen. Strauchtomaten und Kapern dazugeben und etwa 3 Minuten mitschmoren lassen. Die Petersilie untermischen und alles mit Salz und Pfeffer würzen.

4. Die Nudeln abgießen, kurz abtropfen lassen, dann mit der Tomaten-Kapern-Sauce mischen und auf zwei Tellern anrichten.

Variante Bandnudeln mit Schinken-Kapern-Sauce

🕐 ± 0 Minuten
80 g gekochter Schinken
2 EL Kräuter-Crème-fraîche
1 EL Schnittlauchröllchen

Statt der getrockneten Tomaten und der Sardellenfilets den Schinken fein würfeln. Zwiebel und Schinken im Öl anschwitzen, Strauchtomaten, Kapern und Kräuter-Crème-fraîche dazugeben, etwas einkochen lassen, salzen und pfeffern. Die abgetropften Nudeln untermischen und alles, mit den Schnittlauchröllchen bestreut, servieren.

Tomaten-Pasta
mit Fenchel und Pinienkernen

🕐 20 Minuten | Für 2 Personen

200 g Penne rigate
Salz
1 Knolle Fenchel (ca. 200 g)
2 Schalotten
2 EL Pinienkerne
2 EL Olivenöl
120 g Kirschtomaten
1 TL Butter
Salz
frisch gemahlener schwarzer
   Pfeffer

1. Nudeln nach Packungsangabe in reichlich Salzwasser bissfest garen.

2. Inzwischen den Fenchel waschen, das Grün abschneiden und beiseitelegen. Die Knolle längs teilen, den Strunk herausschneiden und die Hälften in feine Spalten schneiden. Schalotten abziehen und klein schneiden.

3. Fenchel, Schalotten und Pinienkerne in einer großen Pfanne im erhitzten Öl etwa 3 Minuten anbraten. Inzwischen die Tomaten waschen und halbieren. Die Tomaten und 4 EL Nudelkochwasser zum Fenchel geben und diesen in 4–5 Minuten zugedeckt weich dünsten.

4. Die Nudeln abgießen und kurz abtropfen lassen. Mit der Butter in die Pfanne geben, alles durchschwenken und mit Salz und Pfeffer abschmecken. In zwei tiefe Teller geben. Das Fenchelgrün hacken und darüberstreuen.

Variante Tomaten-Pinienkern-Fenchel mit Seeteufel

🕐 – 5 Minuten
250 g Seeteufelfilet
2 EL Olivenöl
Zitronenpfeffer

Den Tomaten-Pinienkern-Fenchel, wie beschrieben, (ohne Nudeln) zubereiten. Den Fisch kalt abbrausen, trockentupfen und in 6 Scheiben schneiden. Im Olivenöl in einer zweiten Pfanne von jeder Seite etwa 2 Minuten braten und mit Salz und Zitronenpfeffer würzen. Zum Fenchel servieren.

Spaghetti
mit grünem Spargel und Brokkoli

🕐 20 Minuten | Für 2 Personen

200 g Spaghetti
Salz
200 g grüner Spargel
100 g Brokkoliröschen
2 Frühlingszwiebeln
1 Knoblauchzehe
2 EL Rapskernöl
100 g Sahne
frisch gemahlener weißer
  Pfeffer
frisch geriebene Muskatnuss
20 g Parmesan (am Stück)

1. Nudeln nach Packungsangabe in reichlich Salzwasser bissfest garen.

2. Inzwischen den Spargel waschen, das untere Drittel schälen, die Enden abschneiden und die Stangen schräg in dünne Stückchen schneiden. Den Brokkoli waschen und die Röschen längs in dünne Scheiben schneiden. Die Frühlingszwiebeln putzen, waschen und den weißen und grünen Teil getrennt fein schneiden. Den Knoblauch abziehen und fein hacken.

3. Spargel, Brokkoli, weiße Frühlingszwiebeln und Knoblauch im erhitzten Öl unter Rühren etwa 3 Minuten anschwitzen. Die Sahne hinzufügen, mit Salz, Pfeffer sowie Muskat würzen und das Gemüse zugedeckt etwa 3 Minuten dünsten.

4. Die Spaghetti in ein Sieb abgießen, kurz abtropfen lassen und mit dem Frühlingszwiebelgrün in die Pfanne geben. Alles gut durchmischen und den Parmesan mit einem Sparschäler darüberhobeln.

Variante Spätzle mit grünem Spargel und Brokkoli

🕐 ± 0 Minuten
250 g Spätzle (Kühltheke)
2 EL frisch geriebener
  Bergkäse

Die Gemüsepfanne, wie oben beschrieben, zubereiten. Die Spätzle nach Packungsangabe in Salzwasser garen. Mit einem Schaumlöffel herausheben, in zwei tiefe Teller geben und das Gemüse darüber verteilen. Bergkäse und Frühlingszwiebelgrün darüberstreuen.

Kurkuma-Gnocchi
mit Mandel-Zucchini

🕐 20 Minuten | Für 2 Personen

1 mittelgroße Zucchini
1 kleine Zwiebel
1 Knoblauchzehe
2 EL Mandelstifte
2 EL Olivenöl
1 TL Butter
Salz
frisch gemahlener schwarzer
  Pfeffer
½ TL Kurkumapulver
300 g Gnocchi (Kühltheke)

1. Zucchini putzen, waschen, längs in Scheiben und diese schräg in lange Stifte schneiden. Die Zwiebel und den Knoblauch abziehen und fein hacken.

2. Die Mandelstifte in einer beschichteten Pfanne goldbraun anrösten und herausnehmen. Das Olivenöl in die Pfanne geben und Zwiebel, Knoblauch und Zucchini darin unter Rühren 3–4 Minuten braten. Mandelstifte und Butter dazugeben, durchschwenken und mit Salz und Pfeffer würzen. Warm halten.

3. Inzwischen in einem Topf Wasser aufkochen, Salz und Kurkuma dazugegeben und die Gnocchi darin nach Packungsangabe garen. In ein Sieb abgießen, kurz abtropfen lassen und auf zwei Teller geben. Die Mandel-Zucchini darauf verteilen.

Variante Kurkumanudeln mit Ingwer-Zucchini

🕐 ± 0 Minuten

1 Stück frischer Ingwer
  (ca. 3 cm)
2–3 Zweige Zitronenthymian
250 g frische Bandnudeln
  (Kühltheke)

1. Ingwer schälen. Zwiebel und Knoblauch abziehen und alles in feine Stifte schneiden. Mit Zucchini im Öl anbraten. Zitronenthymian abbrausen, trockenschütteln, die Blättchen abstreifen und dazugeben. Mit Salz und Pfeffer würzen. Warm halten.

2. Die Bandnudeln nach Packungsanweisung im Kurkuma-Salz-Wasser garen, abgießen und mit den Ingwer-Zucchini mischen.

Kokoslinsen
mit Tomaten-Koriander-Joghurt

🕐 30 Minuten | Für 2 Personen

1 Zwiebel
1 Knoblauchzehe
1 walnussgroßes Stück
  frischer Ingwer
1 EL Butterschmalz
150 g Belugalinsen
2 EL Kokoschips
¼ TL Chiliflocken
300 ml Gemüsebrühe
1 Strauchtomate
1 Bund Koriander
150 g Vollmilchjoghurt
1–2 EL Limettensaft
Salz
frisch gemahlener schwarzer
  Pfeffer

1. Zwiebel und Knoblauch abziehen, Ingwer schälen und alles fein hacken. In einem Topf im erhitzten Butterschmalz etwa 2 Minuten bei mittlerer Temperatur anschwitzen. Linsen, Kokoschips und Chiliflocken zugeben und etwa 2 Minuten unter Rühren mitgaren. Mit der Brühe ablöschen, aufkochen und die Linsen zugedeckt bei milder Temperatur in etwa 18 Minuten bissfest garen.

2. Inzwischen die Tomate waschen, quer halbieren, entkernen und die Hälften ohne Stielansatz fein würfeln. Koriander abbrausen, trockenschütteln und die Blättchen, bis auf 2 Stängel, fein schneiden. Beides mit dem Joghurt verrühren und mit etwas Limettensaft, Salz und Pfeffer abschmecken.

3. Die Linsen mit Salz und restlichem Limettensaft abschmecken und mit dem Tomaten-Koriander-Joghurt servieren. Mit übrigem Koriander garnieren.

Variante Kokos-Tomaten-Linsen mit Lachsfilet

🕐 ± 0 Minuten

2 Lachsfilets (frisch oder TK
  und aufgetaut, ohne Haut,
  à 125 g)
1 EL Rapskernöl

1. Die Kokoslinsen, wie oben beschrieben, zubereiten. Kurz vor Ende der Garzeit die Tomatenwürfelchen unterrühren. Mit Salz, Pfeffer und Limettensaft abschmecken und 1 EL gehackten Koriander unterziehen.

2. Die Lachsfilets kalt abbrausen und trockentupfen, im erhitzten Öl von jeder Seite 2–3 Minuten bei mittlerer Temperatur braten. Mit Salz und Pfeffer würzen und zu den Linsen servieren.

Aus der Pfanne

Sellerie-Rösti
mit Räucherlachs

 30 Minuten | Für 2 Personen

150 g Knollensellerie
150 g festkochende
   Kartoffeln
1 EL Kartoffelstärke
Salz
frisch gemahlener schwarzer
   Pfeffer
frisch geriebene Muskatnuss
neutrales Öl zum Ausbacken
2 EL Schmand
1 TL Zitronensaft
1 EL frisch gehackte
   Dillspitzen
100 g Räucherlachs

1. Sellerie und Kartoffeln schälen, waschen und grob raspeln. Mit der Kartoffelstärke mischen und mit Salz, Pfeffer und Muskat würzen.

2. In einer Pfanne etwa ½ cm hoch Öl erhitzen. Aus der Selleriemischung sechs Portionen mit etwas Abstand in die Pfanne setzen und flach drücken. Bei mittlerer Temperatur von jeder Seite 3–4 Minuten ausbacken, dann herausheben und auf Küchenpapier abtropfen lassen.

3. Den Schmand mit Zitronensaft und Dill verrühren und mit Salz und Pfeffer abschmecken. Die Sellerie-Rösti mit dem Räucherlachs und dem Dillschmand auf Tellern anrichten.

Variante Süßkartoffel-Rösti mit Schinken

± 0 Minuten
300 g Süßkartoffeln
1 kleine Zwiebel
⅓ TL Chiliflocken
1 EL Schnittlauchröllchen
100 g Prager Schinken
   (in Scheiben)

1. Die Süßkartoffeln schälen, waschen und raspeln. Die Zwiebel abziehen und dazureiben. Mit Kartoffelstärke, Salz und Chiliflocken mischen und daraus, wie oben beschrieben, Rösti backen.

2. Den Dill im Schmand durch Schnittlauchröllchen, den Räucherlachs durch Schinken ersetzen. Mit den Rösti servieren.

Sesam-Auberginen
mit Kreuzkümmeljoghurt

 25 Minuten | Für 2 Personen

1 Aubergine (ca. 300 g)
Salz
150 g griechischer Joghurt
   (10 % Fettgehalt)
1–2 TL Zitronensaft
5 EL Olivenöl
¼ TL Kreuzkümmelpulver
frisch gemahlener schwarzer
   Pfeffer
Zucker
3 EL Weizenmehl
1 Ei (Größe L)
je 2 EL Sesamsaat und
   Semmelbrösel

1. Die Aubergine putzen, schälen, in knapp ½ cm dicke Scheiben schneiden, mit Salz bestreuen und 10 Minuten Wasser ziehen lassen.

2. Inzwischen für den Dip Joghurt mit Zitronensaft, 1 EL Olivenöl und dem Kreuzkümmel verrühren und mit Salz, Pfeffer und 1 Prise Zucker abschmecken.

3. Das Mehl auf einen Teller geben. Das Ei in einem tiefen Teller verquirlen. Sesam und Semmelbrösel mischen und auf einen weiteren Teller geben. Die Auberginenscheiben trockentupfen, erst im Mehl, dann im Ei wenden und mit der Sesammischung panieren. In einer Pfanne im übrigen erhitzten Olivenöl von jeder Seite 2–3 Minuten braten. Mit dem Kreuzkümmeljoghurt als Dip servieren.

Variante Sesam-Fischfilet mit Gurkensalat

 – 5 Minuten
1 Salatgurke
5 EL Rapskernöl
2 Fischfilets (z.B. Kabeljau,
   à ca. 150 g)

1. Gurke schälen, in Scheiben hobeln, salzen und 10 Minuten Wasser ziehen lassen. Ausdrücken und mit 1 EL Joghurt, Zitronensaft, Salz, Pfeffer und 1 EL Rapskernöl verrühren. In zwei Schalen verteilen.

2. Fischfilets kalt abbrausen, trockentupfen, salzen und mit einer Seite in die Sesam-Brösel-Mischung drücken (Mehl und Ei weglassen). Übriges Öl in einer Pfanne erhitzen, Fischfilets mit der Sesamseite einlegen, 3–4 Minuten bei mittlerer Temperatur braten. Vorsichtig wenden und in 1–2 Minuten fertig braten. Mit dem Gurkensalat servieren.

Blumenkohl

mit Curry-Kartoffelstampf

🕐 30 Minuten | Für 2 Personen

400 g mehligkochende
 Kartoffeln
½ TL Currypulver
Salz
½ Blumenkohl (ca. 350 g)
2 TL Butterschmalz
frisch gemahlener weißer
 Pfeffer
75 ml Milch
1 EL Butter
frisch geriebene Muskatnuss

1. Die Kartoffeln schälen, würfeln und in einem Topf mit Wasser bedecken, das Currypulver und eine kräftige Prise Salz hinzufügen und die Kartoffeln in etwa 15 Minuten weich garen.

2. Inzwischen den Blumenkohl putzen, waschen, in Röschen teilen und in Salzwasser etwa 5 Minuten garen. In ein Sieb abgießen und lauwarm abkühlen lassen. Die Röschen in dicke Scheiben schneiden.

3. Eine Grillpfanne erhitzen und die Stege mit Butterschmalz bestreichen. Den Blumenkohl darin von beiden Seiten 2–3 Minuten bei mittlerer Temperatur braten. Mit Salz und Pfeffer würzen.

4. Das Kartoffelwasser abgießen und die Currykartoffeln mit einem Kartoffelstampfer grob zerstampfen. Die Milch erhitzen und mit der Butter unter den Stampf rühren. Mit Salz und Muskat abschmecken und mit dem gegrillten Blumenkohl auf zwei Tellern anrichten.

Variante Blumenkohl mit Tahina-Koriander-Schmand

🕐 – 10 Minuten
150 g Schmand
1 TL Tahina (Sesampaste;
 aus dem Glas)
1 TL Zitronensaft
2 EL frisch gehackter
 Koriander
Zucker

Den Blumenkohl, wie oben beschrieben, zubereiten. Schmand, Tahina, Zitronensaft und Koriander verrühren und mit Salz, Pfeffer und 1 kleinen Prise Zucker abschmecken. Zum gebratenen Blumenkohl servieren.

Pfannkuchen
mit Karotten, Zucchini und Nüssen

🕐 25 Minuten | Für 2 Personen

4 EL Weizenmehl
4 Eier (Größe M)
125 ml Milch
Salz
1 Karotte
1 kleine Zucchini
10 Haselnusskerne
frisch gemahlener schwarzer
  Pfeffer
frisch geriebene Muskatnuss
2 EL neutrales Öl

1. Das Mehl in einer Rührschüssel mit Eiern, Milch und einer kräftigen Prise Salz zu einem Teig verrühren. 10 Minuten zugedeckt quellen lassen.

2. Inzwischen die Karotte schälen, Zucchini waschen und beides putzen, dann grob raspeln. Die Haselnusskerne grob hacken. Karotten- und Zucchiniraspel unter den Pfannkuchenteig heben, diesen mit Salz, Pfeffer und Muskat kräftig würzen.

3. Die Hälfte des Teigs in einer beschichteten Pfanne im erhitzten Öl gleichmäßig verteilen und 3–4 Minuten bei mittlerer Temperatur backen. Die Hälfte der Haselnusskerne aufstreuen, den Pfannkuchen wenden und auf der anderen Seite in weiteren 3–4 Minuten fertig backen. Übrigen Teig ebenso backen. Pfannkuchen auf einem Teller anrichten. Dazu passt Salat.

Variante Pfannkuchen mit Schinken und Zucchini

🕐 ± 0 Minuten

60 g gekochter Schinken
2 EL frisch gehackte Petersilie
¼ TL getrockneter Thymian

Den Teig, wie oben beschrieben, zubereiten und quellen lassen. Den Schinken in Streifen schneiden. Statt der Karottenraspel mit den Zucchiniraspeln und Petersilie unter den Teig rühren und mit Thymian, Salz, Pfeffer und Muskat würzen. Die Pfannkuchen, wie oben beschrieben, (ohne Haselnusskerne) backen.

Tipp Wer mag, kann die gehackten Haselnuss-kerne auch erst nach dem Backen auf die ferti-gen Pfannkuchen streuen.

Ricottaküchlein
mit Parmesan und Tomatensauce

🕐 25 Minuten | Für 2 Personen

250 g Ricotta
30 g frisch geriebener
  Parmesan
1 Ei (Größe M)
2 EL Semmelbrösel
Salz
frisch gemahlener weißer
  Pfeffer
frisch geriebene Muskatnuss
etwas abgeriebene, unbe-
  handelte Zitronenschale
4 EL Olivenöl
1 Dose stückige Tomaten
  (400 g)
1 Knoblauchzehe
½ Bund Basilikum

1. Ricotta, Parmesan, Ei und Semmelbrösel verrühren. Mit Salz, Pfeffer, Muskat und Zitronenabrieb würzen. Zugedeckt 10 Minuten ruhen lassen.

2. Inzwischen in einem Topf 2 EL Öl erhitzen. Die Tomaten dazugeben. Den Knoblauch abziehen und dazupressen. Etwa 10 Minuten bei milder Temperatur einkochen lassen, salzen und pfeffern.

3. Das übrige Öl in einer beschichteten Pfanne erhitzen. Aus der Ricottamasse sechs Klößchen abstechen, in die Pfanne setzen und etwas flach drücken. Die Küchlein von jeder Seite 2–3 Minuten bei mittlerer Temperatur braten.

4. Basilikum abbrausen, trockenschütteln, die Blätter kleiner zupfen und unter die Tomatensauce rühren. Die Ricottaküchlein zum Servieren auf einen Teller geben und mit der Tomatensauce servieren.

Variante Ricottaküchlein mit warmem Spargelsalat
🕐 + 5 Minuten

250 g weißer Spargel
1 EL Weißweinessig
2 EL Rapskernöl

Die Ricottaküchlein, wie oben beschrieben, zubereiten. Den Spargel waschen, putzen, schälen und schräg in sehr dünne Scheiben schneiden. Mit 4 EL Wasser und je 1 Prise Salz und Zucker in eine Pfanne geben, aufkochen und in etwa 5 Minuten zugedeckt bei milder Temperatur weich dünsten. Mit Salz, Pfeffer, Essig und Öl verrühren. Statt der Tomatensauce zu den Ricottaküchlein servieren.

Zanderfilet
mit Zitronen-Basilikum-Butter

 25 Minuten | Für 2 Personen

125 g Wildreismischung
Salz
2 EL Rapskernöl
2 Zanderfilets (mit Haut,
  à ca. 150 g)
1 EL Mehl
1 Zweig Thymian
½ unbehandelte Zitrone
2–3 Stängel Basilikum
40 g Butter

1. Den Reis nach Packungsangabe in leicht gesalzenem Wasser garen.

2. Kurz vor Ende der Garzeit das Öl in einer Pfanne erhitzen. Die Zanderfilets kalt abbrausen, trockentupfen, salzen und auf der Hautseite mit Mehl bestauben. Auf der Hautseite 3 Minuten anbraten. Thymian abbrausen, trockenschütteln und in die Pfanne geben. Die Fischfilets wenden, die Pfanne vom Herd ziehen und die Zanderfilets 1 Minute nachgaren lassen.

3. Die Zitronenhälfte heiß abbrausen, trockentupfen und die Schale mit einem Zestenreißer abziehen. Basilikum abbrausen, trockenschütteln, die Blätter kleiner zupfen. Die Butter schmelzen, Basilikum und Zitronenzesten unterrühren. Den Reis auf zwei Teller geben. Die Zanderfilets dazu anrichten und die Zitronen-Basilikum-Butter dazu servieren.

Variante Zanderfilet auf Pinienkern-Tomaten-Spinat

 ± 0 Minuten
½ Pck. TK-Blattspinat (225 g)
6–8 Kirschtomaten
2 Schalotten
1 EL Pinienkerne
2 EL Olivenöl

Den Spinat in einen Topf geben und zugedeckt bei milder Temperatur auftauen lassen. Die Kirschtomaten waschen und vierteln. Die Schalotten abziehen und fein würfeln, mit den Pinienkernen in einer Pfanne im erhitzten Öl 1 Minute anrösten. Aufgetauten Spinat und Kirschtomaten dazugeben und 2–3 Minuten dünsten. Mit Salz und Pfeffer würzen. Die Zanderfilets, wie beschrieben, zubereiten und dazu servieren.

Hähnchenfilet
mit Tomatenbulgur

🕐 25 Minuten | Für 2 Personen

2 kleine Hähnchenbrustfilets
  (à ca. 150 g)
1 unbehandelte Zitrone
1 Knoblauchzehe
½ TL getrockneter Thymian
2 EL Olivenöl
150 ml Gemüsebrühe
1 EL Tomatenmark
150 g Bulgur
Salz
frisch gemahlener schwarzer
  Pfeffer
10–12 Kirschtomaten
1 TL Butter
1 EL frisch gehackte Petersilie

1. Die Hähnchenbrustfilets kalt abbrausen, trockentupfen und schräg in je 3 kleine Schnitzelchen schneiden. Die Zitrone heiß abbrausen, trockentupfen und die Schale mit einem Zestenreißer abziehen. Den Knoblauch abziehen und fein hacken. Beides mit Thymian und Öl verrühren und die Hähnchenstücke darin wenden.

2. Gemüsebrühe und Tomatenmark in einem Topf aufkochen lassen. Den Bulgur einrühren, salzen und pfeffern. Den Topf vom Herd nehmen und den Bulgur 10 Minuten zugedeckt quellen lassen. Die Kirschtomaten waschen und abtropfen lassen.

3. Eine Grillpfanne oder eine herkömmliche gusseiserne Pfanne erhitzen und die Hähnchenfilets darin von jeder Seite bei mittlerer Temperatur 3–4 Minuten braten. Kirschtomaten kurz mitbraten. Butter unter den Tomatenbulgur heben und alles auf zwei Tellern anrichten. Mit der Petersilie garnieren.

Variante Hähnchenfilet mit Apfel-Bulgur-Salat

🕐 + 10 Minuten
½ grüner Apfel
1–2 Frühlingszwiebeln
2 EL Limettensaft
1 EL Rapskernöl
1 EL frisch gehackter
  Koriander

Den Bulgur ohne Tomatenmark zubereiten und lauwarm abkühlen lassen. Apfel waschen, entkernen und in feine Stifte schneiden. Frühlingszwiebeln putzen, waschen und in Ringe schneiden. Limettensaft mit Salz, Pfeffer und Öl verrühren. Bulgur, Apfel, Frühlingszwiebeln und Koriander unterrühren und zu den Hähnchenfilets servieren.

Geschnetzeltes

mit Karotten

🕐 25 Minuten | Für 2 Personen

4 Karotten (ca. 350 g)
2 EL Butterschmalz
75 ml Gemüsebrühe
2 Putenschnitzel (à ca. 120 g)
2 Schalotten
4 EL Weißwein
4 EL Sahne
Salz
frisch gemahlener schwarzer
  Pfeffer
1 EL frisch gehackte Petersilie

1. Die Karotten putzen, schälen und längs in dicke Stifte schneiden. In 1 EL Butterschmalz anschwitzen. Gemüsebrühe dazugeben und die Karotten in 5–7 Minuten zugedeckt bei mittlerer Temperatur weich dünsten.

2. Inzwischen die Putenschnitzel kalt abbrausen, trockentupfen und in Streifen schneiden. Die Schalotten abziehen und fein schneiden. Beides in einer Pfanne im erhitzten restlichen Butterschmalz 2–3 Minuten anbraten. Mit Wein und Sahne ablöschen und etwa 3 Minuten einköcheln lassen. Alles mit Salz und Pfeffer würzen.

3. Karotten mit Salz und Pfeffer abschmecken. Das Putengeschnetzelte mit den Karotten auf zwei Tellern anrichten und mit der Petersilie bestreuen.

Variante Karottencouscous mit Putenstreifen

🕐 + 7 Minuten
150 ml Gemüsebrühe
100 g Couscous (Instant)

2 Karotten schälen, putzen und in Stifte schneiden. Putenstreifen und Schalotten in Butterschmalz anbraten. Karottenstifte dazugeben und 2–3 Minuten mitbraten, salzen und pfeffern. Mit der Gemüsebrühe ablöschen und aufkochen lassen. Den Couscous einrühren, die Pfanne vom Herd nehmen und den Couscous zugedeckt 5–7 Minuten quellen lassen. Dann mit einer Gabel auflockern und die Petersilie unterziehen. Dazu schmeckt der Kreuzkümmeljoghurt von Seite 68.

Tipp So bekommen die Karotten noch einen Hauch Raffinesse: Einfach erst 1 TL gemahlene Mohnsamen im Butterschmalz anschwitzen, dann die Brühe zufügen und die Karotten darin garen.

Asia-Pfanne
mit Schweinefleisch

🕐 25 Minuten | Für 2 Personen

1 Pck. TK-Asia-Gemüse
  (300 g)
2 Schweineschnitzel
  (à ca. 140 g)
3 Frühlingszwiebeln
1 Knoblauchzehe
2 EL Rapskernöl
4 EL Sherry medium
  (oder Orangensaft)
3 EL helle Sojasauce
¼ TL Sambal Oelek
1–2 TL Limettensaft
Zucker

1. Das Gemüse auf einen Teller geben und antauen lassen. Die Schnitzel kalt abbrausen, trockentupfen und in Streifen schneiden. Die Frühlingszwiebeln putzen, waschen und den weißen und grünen Teil getrennt in Ringe schneiden. Den Knoblauch abziehen und fein hacken.

2. Schweinefleischstreifen, weiße Frühlingszwiebeln und Knoblauch in einer Pfanne im erhitzten Öl 2 Minuten bei starker Temperatur anbraten. Den Sherry angießen und einkochen lassen.

3. Das Gemüse dazugeben, mit Sojasauce und Sambal Oelek würzen und 4–5 Minuten zugedeckt garen. Mit Limettensaft und 1 Prise Zucker abschmecken und das Frühlingszwiebelgrün aufstreuen. Dazu schmeckt Basmatireis.

Variante Asia-Pfanne mit Fisch

🕐 ± 0 Minuten

200 g Fischfilet (frisch
  oder TK und aufgetaut)
100 ml Gemüsebrühe

Das Fischfilet kalt abbrausen, trockentupfen, würfeln und mit 2 EL Sojasauce beträufeln. Das Gemüse mit weißen Frühlingszwiebeln und Knoblauch anbraten. Mit der Gemüsebrühe ablöschen, mit Sambal Oelek würzen und aufkochen lassen. Den Fisch dazugeben und in 5 Minuten bei milder Temperatur zugedeckt gar ziehen lassen. Mit übriger Sojasauce und Limettensaft abschmecken und das Frühlingszwiebelgrün aufstreuen. Dazu schmeckt Reis.

Kalbsschnitzel
mit Haselnusspanade und Feldsalat

🕐 25 Minuten | Für 2 Personen

2 EL Weizenmehl
1 Ei
1 EL Milch
2 EL gemahlene Haselnuss-
  kerne
2 EL Semmelbrösel
2 dünne Kalbsschnitzel
  (à ca. 140 g)
Salz
frisch gemahlener schwarzer
  Pfeffer
2 EL Butterschmalz
120 g kleinblättriger Feldsalat
2 EL Zitronensaft
3 EL Olivenöl

1. Das Mehl auf einen Teller geben. Ei und Milch in einem tiefen Teller verquirlen. Gemahlene Haselnusskerne und Semmelbrösel mischen und auf einen weiteren Teller geben.

2. Die Schnitzel salzen, pfeffern und im Mehl wenden. Dann durch das Ei ziehen und in der Haselnuss-Brösel-Mischung wenden. Die Panade sanft andrücken.

3. Schnitzel im erhitzten Butterschmalz bei mittlerer Temperatur von jeder Seite 3–4 Minuten goldbraun braten. Warm halten.

4. Inzwischen den Feldsalat putzen, waschen und trockenschleudern. Zitronensaft, Salz, Pfeffer und Olivenöl verquirlen und den Salat unterheben. Zum Servieren mit den Schnitzeln auf einem Teller anrichten.

Variante Sellerieschnitzel mit Feldsalat

🕐 + 15 Minuten
½ kleine Knolle Sellerie
  (ca. 350 g)
Salz
2–3 Scheiben unbehandelte
  Zitrone

1. Sellerie schälen, waschen, in etwa ½ cm dicke Scheiben schneiden und diese halbieren. In einem Topf Wasser aufkochen, Salz und Zitronenscheiben dazugeben und den Sellerie darin in 4–6 Minuten weich garen. Herausheben, dann auf Küchenpapier abtropfen und abkühlen lassen.

2. Die Selleriescheiben, wie oben beschrieben, panieren, in Butterschmalz ausbraten und mit dem Feldsalat servieren.

Schweinesteak
mit Knoblauch-Rosmarin-Kartoffeln

🕐 30 Minuten | Für 2 Personen

400 g Drillinge
(Minikartoffeln)
4–5 Knoblauchzehen
1 Zweig frischer Rosmarin
3 EL Olivenöl
2 Schweinenackensteaks
(à ca. 150 g)
Salz
frisch gemahlener schwarzer
Pfeffer

1. Den Backofen auf 200 °C (Ober-/Unterhitze) vorheizen. Kartoffeln waschen und halbieren. Knoblauch abziehen und halbieren. Beides mit 1 EL Öl mischen, auf einem mit Backpapier belegten Blech verteilen und 10 Minuten im Ofen garen.

2. Den Rosmarin abbrausen, trockenschütteln, die Nadeln abzupfen und grob hacken. Kartoffeln wenden, mit Rosmarin bestreuen und in weiteren 10–15 Minuten fertig garen.

3. Die Schweinenackensteaks kalt abbrausen und trockentupfen. Restliches Öl in einer Pfanne erhitzen. Die Steaks darin von jeder Seite 2–3 Minuten braten, salzen und pfeffern. Die Kartoffeln salzen und dazu servieren.

Variante Schweinesteak mit Papaya-Salsa

🕐 – 10 Minuten

1 reife Papaya
1 Frühlingszwiebel
½–1 große rote Chilischote
2 EL Limettensaft
½ TL Zucker

Die Papaya halbieren, die Kerne entfernen, das Fruchtfleisch schälen und klein würfeln. Die Frühlingszwiebel putzen, waschen und fein schneiden. Die Chilischote abbrausen, putzen und fein schneiden. Limettensaft mit Zucker und 1 kräftigen Prise Salz verrühren. Alle vorbereiteten Zutaten untermischen. Die Schweinenackensteaks, wie beschrieben, braten und die Papaya-Salsa dazu servieren.

Aus dem Backofen

Blechkartoffeln
mit Schafskäse-Gurken-Quark

🕐 30 Minuten | Für 2 Personen

400 g Drillinge
 (Minikartoffeln)
1 EL Olivenöl
½ Salatgurke
Salz
150 g Magerquark
100 g Schafskäse (Feta)
½ TL rosa Pfeffer

1. Den Backofen auf 180 °C (Ober-/Unterhitze) vorheizen. Die Kartoffeln waschen, trockentupfen und halbieren. In einer Schüssel mit dem Öl mischen und auf einem mit Backpapier belegten Blech verteilen. Etwa 25 Minuten im Ofen backen, dabei nach der Hälfte der Garzeit wenden.

2. Inzwischen die Gurke waschen oder schälen, grob raspeln, mit Salz bestreuen und 5 Minuten Wasser ziehen lassen. Dann die Gurkenraspel gut ausdrücken und mit dem Quark in eine Schüssel geben. Den Schafskäse dazubröseln. Den rosa Pfeffer im Mörser zerstoßen und hinzufügen. Alles gut verrühren und mit Salz abschmecken.

3. Die Kartoffeln aus dem Ofen nehmen, salzen und mit dem Schafskäse-Gurken-Quark servieren.

Variante Blechkartoffeln mit Kürbiskern-Tofu-Dip

🕐 ± 0 Minuten

2 EL Kürbiskerne
100 g schnittfester Tofu
100 g Schmand
 (oder 100 g Seidentofu)
2 TL Kürbiskernöl

1. Blechkartoffeln, wie oben beschrieben, zubereiten. Inzwischen Kürbiskerne in einer beschichteten Pfanne bei milder Temperatur anrösten, bis sie duften. Abkühlen lassen. Den Tofu zerkrümeln und mit dem Schmand und den gerösteten Kürbiskernen pürieren. Mit Salz und Pfeffer würzen.

2. Die Blechkartoffeln und Kürbiskern-Tofu-Dip auf zwei Tellern anrichten und das Kürbiskernöl über den Dip träufeln.

Batate-Wedges
mit Limetten-Mayonnaise

🕐 30 Minuten | Für 2 Personen

400 g Süßkartoffeln
  (z.B. Batate)
100 ml Sonnenblumenöl
1 EL Sesamsaat
⅓ TL Meersalz
½ TL getrockneter Thymian
1 unbehandelte Limette
2 sehr frische Eigelb
  (Größe M)
1 TL mittelscharfer Senf
Salz
2 EL Joghurt
Cayennepfeffer
Zucker

1. Backofen auf 180 °C (Ober-/Unterhitze) vorheizen. Süßkartoffeln schälen und in Spalten schneiden, mit 1 EL Öl mischen und auf ein mit Backpapier belegtes Blech geben. Sesam, Meersalz und Thymian darüberstreuen. Wedges im Ofen etwa 20 Minuten garen, nach der Hälfte der Garzeit wenden.

2. Inzwischen die Limette heiß abbrausen, trockentupfen und die Schale mit einem Zestenreißer abziehen, dann die Frucht auspressen. Eigelb mit Senf, 1 EL Limettensaft und 1 Prise Salz mit dem Handrührgerät cremig aufschlagen. Übriges Öl erst tropfenweise, dann in dünnem Strahl unterschlagen, bis eine Mayonnaise entstanden ist. Joghurt und Limettenzesten unterrühren und mit Salz, Cayennepfeffer, weiterem Limettensaft und 1 Prise Zucker abschmecken. Die Mayonnaise nach Wunsch noch mit etwas Joghurt bis zur gewünschten Konsistenz verdünnen.

3. Die Batate-Wedges aus dem Ofen nehmen und mit der Limetten-Mayo zum Dippen servieren.

Variante Batate-Wedges mit grünem Tomatensalat

🕐 ± 0 Minuten

300 g grüne Tomaten
  (spezielle Tomatensorte;
  alternativ rote Tomaten)
1 weiße Zwiebel
2 EL heller Balsamico-Essig
2 EL Olivenöl

Batate-Wedges, wie oben beschrieben, zubereiten. Für die Beilage die Tomaten waschen und ohne Stielansatz in Spalten schneiden. Die Zwiebel abziehen und in dünne Ringe schneiden. Beides in einer Schüssel mischen und mit Salz, Pfeffer, Essig und Öl mischen. Zu den Batate-Wedges servieren.

Butternut
mit Tomaten-Pinienkern-Schafskäse

🕐 30 Minuten | Für 2 Personen

400 g Butternut-Kürbis
6 getrocknete Tomaten
  (in Öl)
2 EL Tomaten-Einlegeöl
2 EL Pinienkerne
Salz
frisch gemahlener schwarzer
  Pfeffer
100 g milder Schafskäse
  (z. B. Manouri)

1. Den Backofen auf 200 °C (Ober-/Unterhitze) vorheizen. Den Kürbis schälen, entkernen und in dünne Spalten hobeln. Die Tomaten abtropfen lassen und in Streifen schneiden. Mit dem Tomaten-Einlegeöl und den Pinienkernen unter den Kürbis mischen und diesen auf einem mit Backpapier belegten Blech verteilen. Mit Salz und Pfeffer würzen und etwa 20 Minuten im Ofen backen, dabei nach der Hälfte der Garzeit wenden.

2. Den Kürbis aus dem Ofen nehmen, auf zwei Teller verteilen und den Schafskäse darüberkrümeln.

Variante Butternut mit Zitronen-Thymian-Schafskäse

🕐 ± 0 Minuten
2 EL Mandelstifte
½ Bund Thymian
Abrieb von 1 unbehandelten
  Zitrone
1 EL Semmelbrösel

1. Den Kürbis mit getrockneten Tomaten und Mandelstiften (statt Pinienkernen), wie oben beschrieben, vorbereiten und etwa 10 Minuten backen.

2. Inzwischen Thymian abbrausen, trockenschütteln und die Blättchen abstreifen. Den Schafskäse zerkrümeln und beides mit Zitronenschale und Semmelbröseln mischen. Kürbis wenden, die Schafskäsemischung darüberkrümeln und den Kürbis in etwa 10 Minuten fertig backen.

Zucchinischeiben

mit Chermoula

🕐 30 Minuten | Für 2 Personen

2 Zucchini (à ca. 200 g)
1 Zwiebel
1 Knoblauchzehe
je ½ Bund Petersilie und
   Koriander
je ¼ TL Koriander- und
   Kreuzkümmelsamen
¼ TL Cayennepfeffer
¼ TL edelsüßes Paprikapulver
Salz
frisch gemahlener schwarzer
   Pfeffer
2 EL Olivenöl

1. Den Backofen auf 220 °C (Ober-/Unterhitze) vorheizen. Die Zucchini waschen, putzen und längs in etwa 3 mm dicke Scheiben schneiden.

2. Für die Chermoula Zwiebel und Knoblauch abziehen und grob zerkleinern. Die Kräuter abbrausen, trockenschütteln und ohne die dicken Stiele klein schneiden. Alles mit Koriander, Kreuzkümmel, Cayennepfeffer, Paprikapulver und 1 kräftigen Prise Salz sowie Pfeffer im Mörser oder Blitzhacker nicht zu fein zerkleinern. Zum Schluss das Olivenöl unterrühren.

3. Die Zucchinischeiben mit etwas Abstand auf ein mit Backpapier belegtes Blech legen und die Chermoula darauf verteilen. Im Backofen etwa 15 Minuten backen. Dazu schmeckt Fladenbrot.

Variante Chermoula-Fisch auf Tomaten

🕐 + 5 Minuten

2 Strauchtomaten
Pfeffer
400 g Fischfilet
  (z. B. Kabeljau)

1. Die Tomaten waschen, ohne Stielansatz in dünne Scheiben schneiden und den Boden einer kleinen Auflaufform damit auslegen. Mit Salz und Pfeffer würzen. Das Fischfilet kalt abbrausen, trockentupfen, in zwei Stücke schneiden und darauf setzen.

2. Die Chermoula, wie beschrieben, vorbereiten und auf den Fischfilets verteilen. Alles etwa 20 Minuten im Ofen backen. Dazu schmeckt Reis oder Couscous.

Grilled toasts
mit Käse, Schinken und Spiegelei

🕐 15 Minuten | Für 2 Personen

4 Scheiben American
   Vollkorntoast
ca. 30 g weiche Butter
2 Scheiben gekochter
   Schinken
4 Scheiben junger Gouda
2 Eier
Salz
frisch gemahlener schwarzer
   Pfeffer

1. Backofen auf 220 °C (Ober-/Unterhitze) vorheizen. Toastscheiben von beiden Seiten in einer Grillpfanne anrösten, sodass sie schöne Grillstreifen bekommen.

2. Alle Scheiben dünn mit etwas Butter bestreichen. 2 Toasts mit Schinken und Käse, 2 Toasts nur mit Käse belegen und auf ein mit Backpapier belegtes Blech legen. Im Ofen etwa 5 Minuten überbacken, bis der Käse schmilzt.

3. Inzwischen übrige Butter in einer Pfanne schmelzen, die Eier darin zu Spiegeleiern braten, salzen und pfeffern. Toasts aus dem Ofen nehmen und auf die beiden Schinken-Käse-Toasts jeweils 1 Spiegelei setzen. Mit den Käsetoasts abdecken (Käseseite nach unten), sanft zusammendrücken und diagonal halbieren. Dazu schmeckt Salat.

Variante Grilled toasts mit Pilzen und Blauschimmelkäse

🕐 + 5 Minuten

100 g Kräuterseitlinge
60 g schnittfester Blau-
   schimmelkäse

1. Die Pilze putzen, trocken abreiben und in dünne Längsscheiben schneiden. Von beiden Seiten je 1 Minute in etwas Butter anbraten. Statt des Schinkens auf die Toasts geben. Die Spiegeleier weglassen.

2. Statt des Goudas den Blauschimmelkäse in dünne Scheiben schneiden, die Toasts damit überbacken und, wie beschrieben, zusammensetzen.

Croque Monsieur

🕐 25 Minuten | Für 2 Personen

60 g Bergkäse (z. B. Gruyère)
4 Scheiben Toastbrot
ca. 70 g weiche Butter
2 Scheiben gekochter
  Schinken
2 Eier (Größe M)
1 EL Sahne
Salz
frisch geriebene Muskatnuss

1. Backofen auf 200 °C (Ober-/Unterhitze) vorheizen. Käse reiben. Die Toastscheiben dünn mit etwas Butter bestreichen. Zwei davon mit Schinken belegen und die Hälfte des Käses aufstreuen. Mit den übrigen Toasts abdecken (Butterseite nach unten) und gut zusammendrücken.

2. Die Doppeltoasts und in eine flache Form geben. Eier und Sahne verquirlen, mit Salz und Muskat würzen, darübergießen und etwa 10 Minuten ziehen lassen.

3. Die Doppeltoasts ggf. abtropfen lassen, in einer Pfanne in der restlichen erhitzten Butter von jeder Seite bei milder Temperatur in 2–3 Minuten goldbraun braten. Auf ein mit Backpapier belegtes Blech legen, den übrigen Käse aufstreuen und die Croques etwa 5 Minuten im Ofen überbacken, bis der Käse geschmolzen ist. Dazu schmeckt Salat.

Variante Schinken-Käse-Toast mit Thaispargel

🕐 + 5 Minuten
150 g Thaispargel
4 Scheiben Gouda

1. Den Spargel waschen, die Enden abschneiden. Den Spargel in einer Pfanne in etwas erhitzter Butter etwa 2 Minuten braten, salzen und pfeffern.

2. Die Toastscheiben hell toasten und mit Butter bestreichen. 2 Toasts mit Schinken, Thaispargel und Käse belegen, die anderen beiden nur mit Käse belegen. Alle Toasts nicht einweichen, sondern, wie oben beschrieben, auf einem Blech etwa 5 Minuten im Ofen überbacken. Dann mit den Käseseiten aufeinander zusammensetzen und diagonal teilen. Dazu schmeckt Kopfsalat mit Joghurtdressing.

Flammkuchen
mit Pancetta und Frühlingszwiebeln

🕐 30 Minuten | Für 2 Personen

60 g würziger Käse
  (z. B. Gruyère)
2 Frühlingszwiebeln
4 EL Schmand
60 g Pancetta (luftgetrock-
  neter Bauchspeck, ersatz-
  weise Räucherspeck ohne
  Schwarte)
1 Pck. Flammkuchenteig
  (260 g, Kühltheke)
frisch gemahlener schwarzer
  Pfeffer

1. Den Backofen auf 220 °C (Ober-/Unterhitze) vorheizen. Den Käse grob reiben. Die Frühlingszwiebeln putzen, waschen und den weißen und grünen Teil getrennt fein schneiden. Käse und die weißen Frühlingszwiebeln unter den Schmand rühren. Pancetta fein würfeln.

2. Den Teig samt Backpapier auf einem Blech entrollen. Mit dem Schmand bestreichen, dabei einen etwa 2 cm breiten Rand frei lassen. Die Pancettawürfelchen darüberstreuen und kräftig pfeffern.

3. Den Flammkuchen 10–12 Minuten im Ofen backen. Herausnehmen, das Frühlingszwiebelgrün aufstreuen und den Flammkuchen in Stücke schneiden.

Variante Flammkuchen mit Trauben und Walnüssen

🕐 ± 0 Minuten
50 g Walnusskernhälften
120 g rote Trauben
1 kleiner Radicchio

Statt der Frühlingszwiebeln die Walnusskernhälften hacken und mit dem Käse unter den Schmand rühren. Statt Pancetta die Trauben waschen, halbieren und vor dem Backen auf dem Flammkuchen verteilen und pfeffern. Flammkuchen, wie oben beschrieben, backen. Zum Servieren statt des Frühlingszwiebelgrüns den Radicchio putzen, waschen, trockenschleudern, in Streifen schneiden und auf den Flammkuchen streuen.

Blätterteighappen
mit Tomate und Ziegenkäse

🕐 25 Minuten | Für 2 Personen

200 g Blätterteig (Kühltheke)
2–3 Tomaten
120 g Ziegenweichkäserolle
1 Knoblauchzehe
½ TL getrockneter Oregano
3 EL Olivenöl
Salz
frisch gemahlener schwarzer
  Pfeffer

1. Den Backofen auf 200 °C (Ober-/Unterhitze) vorheizen. Blätterteig ausrollen und in 4 Rechtecke (à ca. 8 x 12 cm) schneiden (übriger Blätterteig hält im Kühlschrank 4–5 Tage). Mit etwas Abstand auf ein mit Backpapier belegtes Blech legen.

2. Die Tomaten waschen und in dünne Scheiben schneiden. Den Käse ebenfalls in dünne Scheiben schneiden. Knoblauch abziehen, durchpressen und mit dem Oregano und Öl verrühren.

3. Die Blätterteigrechtecke mit der Oregano-Knob-lauch-Mischung bestreichen. Die Tomaten und Käsescheiben im Wechsel dachziegelförmig darauf verteilen, dabei jeweils einen kleinen Rand frei lassen. Mit Salz und Pfeffer würzen und in 10–12 Minuten knusprig backen. Dazu schmeckt Salat.

Variante Blätterteighappen mit Mozzarella und Oliven

🕐 ± 0 Minuten
1 Kugel Mozzarella (125 g)
2–3 Tomaten
10 schwarze Oliven
  (ohne Stein)

1. Mozzarella klein würfeln. Tomaten waschen, halbieren, entkernen und die Hälften ohne Stielan-satz würfeln. Oliven fein hacken. Alles mit 2 EL Öl mischen und mit Oregano, Salz und Pfeffer würzen.

2. Mozzarellamischung auf die Blätterteigrechtecke verteilen und diese, wie beschrieben, backen.

Thunfisch-Pizza
mit Paprikaschoten

🕐 25 Minuten | Für 2 Personen

1 Pck. Pizzateig
  (400 g; Kühltheke)
1 rote Zwiebel
100 g gegrillte Paprika-
  schoten (in Öl) (alternativ
  frische Paprikaschoten)
1 Dose Thunfisch in Öl
  (185 g Abtropfgewicht)
4–5 Zweige Thymian
4 EL passierte Tomaten
  (Glas oder Tetrapak)
Salz
frisch gemahlener schwarzer
  Pfeffer
2 EL Olivenöl

1. Backofen auf 220 °C (Ober-/Unterhitze) vorhei-zen. Pizzateig entrollen, samt Backpapier quer teilen und beide Stücke auf ein Blech legen.

2. Die Zwiebel abziehen und in Ringe schneiden. Die Paprikaschoten abtropfen lassen und in Streifen schneiden. Den Thunfisch abtropfen lassen und zer-pflücken. Den Thymian abbrausen, trockenschütteln und die Blättchen abstreifen.

3. Die Pizzen jeweils mit 2 EL passierten Toma-ten bestreichen, salzen und pfeffern. Zwiebelringe, Paprikastreifen und Thunfisch darauf verteilen. Den Thymian darüberstreuen und das Öl darüberspren-keln. Pizzen in 10–12 Minuten knusprig backen.

Variante Pizza mit Bresaola und Rucola

🕐 – 5 Minuten
1 Kugel Mozzarella (125 g)
½ Bund Rucola
30 g Bresaola (in Scheiben)

1. Den Mozzarella abtropfen lassen, klein würfeln und statt Paprikaschoten, Thunfisch, Zwiebeln und Thymian auf den Pizzen verteilen. Dann das Öl darü-bersprenkeln. Die Pizzen etwa 12 Minuten im Ofen backen.

2. Inzwischen den Rucola waschen und trocken-schleudern. Den Bresaola in mundgerechte Stücke zupfen. Die Pizzen herausnehmen und beides vor dem Servieren darauf verteilen.

Käse-Pizza
mit Austernpilzen und Petersilienöl

🕐 30 Minuten | Für 2 Personen

1 Pck. Pizzateig
  (400 g; Kühltheke)
2 EL Tomatenmark
6 EL Olivenöl
250 g Austernpilze
Salz
frisch gemahlener schwarzer
  Pfeffer
1 Bund Petersilie
1 Knoblauchzehe
150 g Büffelmozzarella

1. Backofen auf 220 °C (Ober-/Unterhitze) vorheizen. Pizzateig entrollen, samt Backpapier quer teilen und beide Stücke auf ein Blech legen. Tomatenmark mit 1 EL Olivenöl verrühren. Pizzen damit bestreichen, dabei einen kleinen Rand frei lassen.

2. Austernpilze putzen, in Stücke zupfen und in einer Pfanne in 1 EL erhitztem Öl scharf anbraten, salzen und pfeffern. Petersilie abbrausen und trockenschütteln, fein hacken und 1 EL beiseitelegen. Knoblauch abziehen. Mit restlicher Petersilie und übrigem Öl fein pürieren, salzen und pfeffern.

3. Pilze auf den Pizzen verteilen und das Petersilienöl darübersprenkeln. Mozzarella abtropfen lassen, in Stücke zupfen und darauf verteilen. Die Pizzen etwa 12 Minuten backen. Mit der übrigen Petersilie bestreut, servieren.

Variante Käse-Pizza mit gegrillten Zucchini

🕐 ± 0 Minuten
1 Zucchini (ca. 200 g)
1 EL frische Thymian-
  blättchen

1. Zucchini waschen, putzen und in dünne Scheiben hobeln. In der Grillpfanne mit wenig Öl von beiden Seiten grillbraten, salzen und pfeffern.

2. Pizzateig, wie oben beschrieben, vorbereiten. Die Zucchinischeiben darauf verteilen. Thymian darüberstreuen, Mozzarella darauf verteilen und etwas Olivenöl darübersprenkeln. Wie beschrieben, backen.

Süßes

Quarkpuffer
mit Zwetschgenkompott

 25 Minuten | Für 2 Personen

250 g Magerquark
1 Ei (Größe M)
2 EL Zucker
1 Pck. Vanillezucker
Salz
½ TL abgeriebene, unbe-
  handelte Zitronenschale
3 EL Weichweizengrieß
250 g Zwetschgen
¼ TL Lebkuchengewürzpulver
2 EL Butterschmalz

1. Quark mit Ei, 1 EL Zucker, ½ Pck. Vanillezucker, 1 kleinen Prise Salz, Zitronenschale und Grieß ver- rühren. Zugedeckt 10 Minuten ruhen lassen.

2. Inzwischen die Zwetschgen waschen, halbieren und entsteinen. Mit übrigem Zucker und Vanillezu- cker, Lebkuchengewürz und 4 EL Wasser in einem Topf aufkochen und etwa 5 Minuten zugedeckt köcheln lassen. Vom Herd nehmen, in zwei Schälchen geben und lauwarm abkühlen lassen.

3. Das Butterschmalz in einer beschichteten Pfanne erhitzen. Aus der Quarkmasse sechs Klößchen abste- chen, in die Pfanne setzen und etwas flach drücken. Die Puffer von jeder Seite 2–3 Minuten bei mittlerer Temperatur braten. Herausnehmen und mit dem Kompott anrichten.

Variante Nusspuffer mit Mango

– 5 Minuten
50 g Haselnusskerne
1 EL Semmelbrösel
1 reife Mango
1 EL Limettensaft

1. Die Haselnusskerne mit dem Vanillezucker im Blitzhacker fein mahlen und mit den Semmelbröseln statt Grieß unter die Quarkmasse rühren. Daraus, wie oben beschrieben, sechs Puffer zubereiten.

2. Die Mango schälen, das Fruchtfleisch vom Stein schneiden und klein würfeln. Mit dem Limettensaft mischen und zu den Nusspuffern servieren.

Milchreis
mit Granatapfel und Nüssen

 30 Minuten | Für 2 Personen

400 ml Milch
1–2 EL Zucker (je nach
  gewünschter Süße)
1 Stück unbehandelte
  Zitronenschale
100 g Milchreis
je 10 Haselnuss- und
  Mandelkerne
3 Paranusskerne
1 Pck. Vanillezucker
3 EL Granatapfelkerne

1. Milch, Zucker, Zitronenschale und Reis in einem Topf aufkochen, alles bei milder Temperatur etwa 25 Minuten köcheln lassen, dabei öfter umrühren, damit nichts anbrennen kann.

2. Inzwischen Haselnuss-, Mandel- und Paranusskerne hacken und mit dem Vanillezucker in einer kleinen Pfanne bei milder Temperatur anrösten, bis der Zucker schmilzt. Auf einem Stück Backpapier verteilen und abkühlen lassen.

3. Die Granatapfelkerne unter den Milchreis rühren und diesen in zwei Schälchen verteilen. Die karamellisierten Nüsse darüberkrümeln.

Variante Kokosreis mit Lychees

± 0 Minuten

250 ml Kokosmilch
  (aus der Dose)
2 EL Kokoschips
  (z. B. aus dem Bioladen)
ca. 250 g Lychees
  (aus der Dose)

1. Kokosmilch, 1 EL Zucker, Zitronenschale, 150 ml Wasser und Reis aufkochen und, wie oben beschrieben, zu Milchreis kochen. Die Kokoschips in einer beschichteten Pfanne bei milder Temperatur anrösten, dann abkühlen lassen.

2. Den Kokosreis in zwei tiefe Teller geben und die Kokoschips darüberbröseln. Lychees in zwei Schälchen geben und dazu servieren.

Apfelpfannkuchen
mit Cranberrys

🕐 25 Minuten | Für 2 Personen

4 EL Weizenmehl
2 Eier (Größe M)
1 Pck. Vanillezucker
Salz
125 ml Milch
1 säuerlicher Apfel
 (z. B. Boskop)
2 EL getrocknete Cranberrys
2 TL Butterschmalz
1 TL Puderzucker

1. Aus Mehl, Eiern, Vanillezucker, 1 kleinen Prise Salz und Milch einen Pfannkuchenteig anrühren und zugedeckt 10 Minuten quellen lassen.

2. Inzwischen den Apfel schälen, vierteln, entkernen und in dünne Scheiben schneiden. Cranberrys fein hacken und mit den Äpfeln unter den Teig heben.

3. Das Butterschmalz in einer kleineren Pfanne erhitzen. Aus dem Teig bei milder Temperatur zwei dünne Pfannkuchen backen, dabei nach 3 Minuten einmal wenden und auf der anderen Seite noch etwa 2 Minuten backen. Apfelpfannkuchen, mit Puderzucker bestaubt, auf Tellern servieren.

Variante Birnenpfannkuchen mit Rumrosinen

🕐 + 10 Minuten
1 reife Birne
2 EL Rumrosinen

Den Pfannkuchenteig, wie oben beschrieben, zubereiten. Statt der Apfel- Birnenspalten und statt der Cranberrys Rumrosinen untermischen. Zwei dünne Pfannkuchen backen.

Pancakes

mit Heidelbeeren

 25 Minuten | Für 2 Personen

120 g Weizenmehl
1 EL Zucker
1 Prise Salz
30 g Butter
1 Ei (Größe M)
150 ml Buttermilch
100 g Heidelbeeren
3 EL neutrales Öl
1 EL Kokosblütenzucker
(nach Belieben)

1. Mehl, Zucker und Salz in eine Rührschüssel geben. Die Butter schmelzen und mit dem Ei und der Buttermilch unterrühren. Die Heidelbeeren in einem Sieb behutsam abbrausen und auf Küchenpapier gut abtropfen lassen.

2. Das Öl in einer Pfanne erhitzen. Den Teig esslöffelweise in die Pfanne geben und ein paar Heidelbeeren aufstreuen. Die Pancakes von jeder Seite 2 Minuten bei mittlerer Temperatur backen, herausheben und auf einem Servierbrett oder Teller anrichten. Nach Belieben mit Kokosblütenzucker bestreuen.

Variante Kokos-Pancakes mit Sauerkirschen

 ± 0 Minuten
2 EL Kokosraspel
175 g Sauerkirschen
(aus dem Glas)

Die Hälfte der Kokosraspel unter den Teig rühren. Die Pancakes ohne Heidelbeeren backen, dafür vor dem Wenden die übrigen Kokosraspel aufstreuen. Die Sauerkirschen aus dem Glas dazu servieren.

Arme Ritter
mit Orange und Ingwer

🕐 30 Minuten | Für 2 Personen

1 Stück frischer Ingwer
  (ca. 2 cm)
2 Eier (Größe M)
1 EL Zucker
1 Prise Salz
Saft und Zesten von
  ½ unbehandelten Orange
4 Scheiben altbackenes
  Brioche (oder Weißbrot)
2 EL Butterschmalz
1 EL Mandelblättchen

1. Backofen auf 180 °C (Ober-/Unterhitze) vorheizen. Ingwer schälen und fein reiben. Mit Eiern, Zucker und Salz verquirlen, Orangensaft und -zesten unterrühren. Briochescheiben in eine flache Schale legen, mit der Eimischung begießen und 10 Minuten durchziehen lassen.

2. Die Armen Ritter ggf. abtropfen lassen, dann im erhitzten Butterschmalz von jeder Seite etwa 3 Minuten braten. Auf ein mit Backpapier belegtes Blech legen, mit den Mandelblättchen bestreuen und im Ofen in etwa 5 Minuten knusprig backen. Zum Servieren auf einer Platte anrichten.

Variante Arme Ritter mit Apfelkompott und Zimtzucker

🕐 + 5 Minuten
4 EL Milch
2 säuerliche Äpfel
1 EL Zitronensaft
1 Pck. Vanillezucker
1 TL Zimtzucker

1. Orange und Ingwer weglassen, dafür die Eier mit Zucker und Milch verquirlen und die Brioche- oder Weißbrotscheiben darin einweichen.

2. Inzwischen für das Kompott Äpfel schälen, entkernen und in Spalten schneiden. Mit Zitronensaft, Vanillezucker und 4 EL Wasser in einem Topf aufkochen und etwa 5 Minuten zugedeckt garen, dann lauwarm abkühlen lassen.

3. Arme Ritter, wie oben beschrieben, im Butterschmalz braten und im Ofen (ohne Mandelblättchen) knusprig backen. Zimtzucker vor dem Servieren darüberstreuen. Apfelkompott dazu servieren.

Obstsalat
mit Honig-Aprikosen-Quark

🕐 15 Minuten | Für 2 Personen

5–6 getrocknete Soft-
  Aprikosen
1 unbehandelte Orange
250 g Magerquark
1 EL flüssiger Honig
ca. 1 EL Mineralwasser
125 g Heidelbeeren
1 Apfel
1 Banane

1. Die getrockneten Aprikosen fein würfeln. Die Orange heiß abbrausen, trockentupfen und ¼ TL Schale fein abreiben. Den Quark mit Honig, Mineralwasser und Orangenschale glatt rühren und die Aprikosenwürfelchen unterziehen.

2. Die Orange so dick schälen, dass auch die weiße Haut mit entfernt wird. Die Orangenfilets über einer Schüssel zwischen den Trennhäutchen herausschneiden, den Saft dabei auffangen.

3. Die Heidelbeeren in einem Sieb abbrausen und gut abtropfen lassen. Den Apfel waschen oder schälen, entkernen und in Spalten schneiden. Die Banane schälen und in Scheiben schneiden. Das Obst mit dem aufgefangenen Orangensaft mischen und mit dem Quark in Schälchen füllen.

Variante Obstsalat mit Vanille-Hüttenkäse

🕐 – 5 Minuten

400 g Obst (z. B. Nektarine,
  Mango und Himbeeren)
200 g Hüttenkäse
¼ TL gemahlene Vanille
  (z. B. aus dem Bioladen)

Das Obst je nach Sorte waschen oder schälen, in mundgerechte Stücke schneiden, mischen und in zwei Schalen geben. Erst den Hüttenkäse, dann Vanille und Honig daraufgeben.

Register

Impressum

Produktmanagement: Doreen Brodowsky
Textredaktion: Jutta Schmolke
Korrektorat: Asta Machat
Layout und Satz: Silke Schüler
Umschlaggestaltung: ★zeichenpool, München
unter Verwendung von Fotos von Maria Brinkop
Repro: LUDWIG:media, Zell am See
Herstellung: Barbara Uhlig

Texte und Rezepte: Margit Proebst
Fotografie: Maria Brinkop, außer Shutterstock:
S. 5 (wizdata), S. 9 (marcin jucha),
S. 10 (Andrey-Popov), S. 11 (Barissimmos),
S. 13 (Madeleine Steinbach)

Printed in Slovenia by Florjancic

Unser komplettes Programm finden Sie unter

 www.christian-verlag.de

Alle Angaben dieses Werkes wurden von der
Autorin sorgfältig recherchiert und auf den
neuesten Stand gebracht sowie vom Verlag
geprüft. Für die Richtigkeit der Angaben kann
jedoch keine Haftung übernommen werden.

Die Deutsche Nationalbibliothek verzeichnet
diese Publikation in der Deutschen National-
bibliografie; detaillierte bibliografische Daten sind
im Internet über http://dnb.d-nb.de abrufbar.

ISBN 978-3-95961-124-4
Alle Rechte vorbehalten

**Sind Sie mit diesem Titel zufrieden?
Dann würden wir uns über Ihre
Weiterempfehlung freuen.**
Erzählen Sie es im Freundeskreis, berichten
Sie Ihrem Buchhändler oder bewerten Sie
bei Onlinekauf. Und wenn Sie Kritik,
Korrekturen, Aktualisierungen haben,
freuen wir uns über Ihre Nachricht
an Christian Verlag, Postfach 40 02 09,
D-80702 München oder per E-Mail an
lektorat@verlagshaus.de

Wir bedanken uns ganz herzlich bei
„Nostalgie im Kinderzimmer" für die
freundliche Unterstützung mit Produkten
aus ihrem Sortiment.
www.nostalgieimkinderzimmer.de

**Die aufgeführten Rezept-Varianten
beziehen sich immer auf das darüber-
stehende Rezept, ebenso die Zeitangaben.**